dtv

Schon dem Geisterseher und dänischen Thronfolger Hamlet war die »Schulweisheit« allein nicht genug. Auch wir – obwohl inzwischen enzyklopädisch bestens versorgt und »gebildet« – sollten jenes »Wissen« nicht ganz aus dem Auge verlieren, das nicht auf den ersten Blick einen Nutzen verspricht und der Schulweisheit mit Sicherheit gegen den Strich geht. Haefs will uns dabei helfen, indem er augenzwinkernd gegen den bildungsbürgerlichen Stachel löckt und uns fröhlich verunsichert. Oder wer wollte bezweifeln, daß der Vatikan-Staat die geringste Geburtenrate der Welt hat und im alten England die Dauer ›1 Moment‹ mit 1$^{1}/_{2}$ Minuten gleichgesetzt war?

Hanswilhelm Haefs wurde am 11. November 1935 in Berlin geboren und studierte in Bonn, Zagreb und Madrid. Seine Reisen führten ihn u. a. in die USA, nach Kanada, Israel und China. Haefs gründete die Deutsche Marco-Polo-Gesellschaft und lebt heute als Übersetzer, Herausgeber und Autor zahlreicher Bücher in der Alten Schule zu Atzerath in Belgien.

Hanswilhelm Haefs

Handbuch des
nutzlosen Wissens

Deutscher Taschenbuch Verlag

Von Hanswilhelm Haefs
ist im Deutschen Taschenbuch Verlag erschienen:
Das ultimative Handbuch des nutzlosen Wissens (20206)

Originalausgabe
Oktober 1989
14. Auflage Oktober 2003
© 1989 Deutscher Taschenbuch Verlag GmbH & Co. KG,
München
www.dtv.de
Umschlagkonzept: Balk & Brumshagen
Umschlagbild: Celestino Piatti
Gesamtherstellung: Druckerei C. H. Beck, Nördlingen
Gedruckt auf säurefreiem, chlorfrei gebleichtem Papier
Printed in Germany · ISBN 3-423-20111-8

Inhalt

Statt eines Vorworts 7

I. Von den geheimsten Geheimnissen der Natur . . 9
Zum guten Schluß:
Über die chinesischen Drachen, über ihren paläozoologischen, historischen, sozialen und künstlerischen Status sowie über ihre Hierarchie 43

II. Von den Völkern, ihren Eigenschaften, Eigenheiten, Riten, Sitten u.ä. 50
Zum guten Schluß:
Einiges zur Geschichte der slawischen Landnahme aus den Tiefen des Balkans, woher mehrerenteils auch ihre Völkernamen und die der Städte, Flüsse und Dynasten stammen 68

III. Geschichte, wie sie wirklich war 75
Zum guten Schluß:
Wie das mongolische Weltreich den Pestfloh nach Europa sandte und dazu beitrug, daß dort Renaissance und Moderne entstehen konnten . . 105

IV. Auch Staaten haben ihre Affären 108
Zum guten Schluß:
Wie Gaugrehweiler in die Geschichte hineingeriet und wie wieder heraus 116

V. Von Recht und Gesetz und law and order 119
Zum guten Schluß:
Wie man fremde Bräuche mißverstehen kann oder der Vertrag von Nertschinsk und seine Folgen 132

VI. Von Personen und Persönlichkeiten 135
Zum guten Schluß:
Von Karrieren, wie jener des englischen Geheimdienstpriesters Robert, welcher zunächst Diplomat, dann, vom Papst gebannt, Fremdenlegionär und Tempelritter, der beim Glücksspiel alles verliert, vom mongolischen Geheimdienst

       nach Karakorum zu Tschinggis Chan verschleppt wurde, dort mithilft, die Eroberung Europas vorzubereiten, vor Wiener Neustadt gefangengenommen, peinlich verhört und wahrscheinlich verbrannt wurde 155
VII. Von der schönsten Sache auf Erden 160
     Zum guten Schluß:
     An Graziella (frei nach Viktor von Scheffel) . . . 175

Statt eines Nachworts 177
Bibliographie 185
Register 193

Statt eines Vorworts

Je wichtiger ein Buch ist, desto umfangreicher haben Vorwort und Anmerkungsapparat zu sein. Mein Vorwort ist zu einem Nachwort geraten. Deshalb sei an dieser Stelle jener schönen, rhodopygischen Römerin gedacht, die – Historikerin und Philosophin – mich in Arezzo vor Brancusi-ähnlichen etruskischen Köpfen und in Pisa im herrlichsten Campo Santo davon zu überzeugen trachtete, daß Faktenwissen nutzlos sei, weil aristokratische Menschen Welt und Wahrheit aus sich selbst schöpften.

I. Von den geheimsten Geheimnissen der Natur

»Da steht ja überhaupt nichts vom ›Überleben der Besten‹ drin!« (Ausruf eines verblüfften Lesers der Schriften Darwins)

»Gott segn' euch, ihr trefflichen Vögel,
An der fernen Guanoküst' –
Trotz meinem Landsmann, dem Hegel,
Schafft ihr den gediegensten Mist!«
(Viktor von Scheffel)

Der Mensch kann als einziges Säugetier lächeln.

40% aller Säugetiere sind Nagetiere.

Etwa 70% aller Lebewesen sind Bakterien.

Auf Komodo leben immer noch prähistorische Salamander.

Mollusken sind nach den Insekten die zweithäufigste Lebensart auf Erden.

Es gibt einen Wurm, der unter dem Augenlid des Nilpferdes lebt und sich von dessen Tränen ernährt.

Bei Nahrungsmangel kann der Bandwurm bis zu 95% seines eigenen Körpers verzehren und doch überleben.

Ohrwürmer heißen so, weil man früher glaubte, sie kröchen gern in Menschenohren.

Wenn man alle Insekten auf Erden auf die eine Seite der Waage legte und alle anderen Tiere auf die andere, so wögen die Insekten schwerer.

Bienen haben fünf* Augen.

Bienen töten pro Jahr mehr Menschen als Giftschlangen.

Honigbienen sterben an ihrem ersten Stich.

Bienenköniginnen legen bis zu 3000 Eier pro Tag.

Wenn es kalt wird, versammeln Bienen sich in ihrem Stock und beginnen gemeinsam zu zittern, wodurch der Stock aufgeheizt wird.

Um ein Pfund Honig zu produzieren, müssen Bienen rund zwei Millionen Blüten anfliegen.

Zwar haben die menschlichen Wissenschaftler herausgefunden, wie Bienen sich verständigen, Bienen hingegen können keine Fremdsprachen lernen: ägyptische und deutsche Bienen z.B. können sich nicht miteinander verständigen.

---

* Salvatorische Klausel: auch diese verblüffende Feststellung entnahm ich einem der im Anhang genannten Bücher und berichte sie hier, ohne für ihre Richtigkeit einstehen zu können, in der Absicht, die Freude der Verblüffung weiterzugeben.

Nach allen Erkenntnissen der Aeronautik ist die Hummel flugunfähig.

Fliegen starten rückwärts.

Der Moskito hat 47 Zähne.

Ein Moskito kann, mit dem zweifachen Gewicht seines eigenen Körpers an Fremdblut angefüllt, immer noch fliegen.

Nur weibliche Moskitos stechen.

Grillen hören mit den Knien.

Zikaden vibrieren mit ihrem Körper bis zu 500mal pro Sekunde.

Der Schmetterling hat 12 000 Augen.

Die Durchschnittsgeschwindigkeit eines Schmetterlings ist 32 km/h.

Das Blut einer Heuschrecke ist weiß, nicht rot.

Maifliegen leben nur wenige Stunden.

Zuckmücken schlagen pro Sekunde bis zu 1000mal mit den Flügeln.

Motten haben weder Mund noch Magen.

Mottenlarven, nicht Motten, fressen Kleider.

Die Seidenspringerraupe hat 11 Gehirne.

Einige Mottenarten senden Störfrequenzen aus, um die Hochfrequenzsuchorgane der Fledermäuse zu verwirren.

Aus geköpften Raupen entstehen kopflose Falter, die länger leben als solche mit Kopf, da ihr Leben entsprechend begrenzt stattfindet.

Eine Raupe hat dreimal soviele Muskeln wie ein Mensch.

Schnecken können bis zu drei Jahre ununterbrochen schlafen.

Eine Schnecke kann bis zu 25 000 Zähne haben. Sie hat sie auf der Zunge.

Weiße Ameisen sind keine Ameisen, sondern Termiten.

Eine Ameise kann das 300fache ihres Gewichtes tragen.

Obwohl die Tarantel eine Spinne ist, kann sie keine Netze weben.

Tausendfüßler fressen auch Fleisch.

Der letzte Dodo starb 1681.

Nur männliche Kanarienvögel können singen.

Kolibris können nicht zu Fuß gehen.

Der Kolibri kann als einziger Vogel rückwärts fliegen.

Wegen seiner Kleinheit muß ein Kolibri ständig essen oder binnen Stunden verhungern.

Der Kiwi hat als einziger Vogel zwei Nasenlöcher am Ende seines Schnabels.

Der Sekretärsvogel stampft seine Opfer zu Tode.

Wenn der Bartgeier kein Aas findet und hungrig ist, stößt er geeignete Opfer über den Klippenrand in die Tiefe.

Truthähne starren während schwerer Regenfälle oft in den Himmel – und ertrinken.

Alle Hühner dieser Erde legen pro Jahr etwa 400 000 000 000 Eier.

Irland und Neuseeland haben keine einheimischen Schlangen.

Schlangen haben bis zu 300 Rippenpaare.

Wasserschlangen können bis zu 100mal giftiger sein als jede Landschlange.

Krokodile sind farbenblind.

Krokodile können unter Wasser sehen, da sie ein halbdurchsichtiges drittes Augenlid haben, das sich über die Augen schiebt, sobald es nötig wird.

Krokodile töten pro Jahr etwa 2000 Menschen.

Krokodile transportieren ihre Jungen im Maul.

Krokodile können ihre Zungen nicht herausstrecken.

Krokodile können nicht kauen.

Krokodile haben durchschnittlich 2,5 kg Kiesel im Magen, gegen Verdauungsstörungen.

Das Sepik-Krokodil legt längliche Eier mit weißen Dottern.

Der Hausen ist ein Fisch aus der Familie des Stör, kann bis zu 8,5 m lang und bis zu 1300 kg schwer werden und ist ein wichtiger Kaviarlieferant.

Es gibt 4-Augen-Fische. Sie haben je zwei rechts und links, von denen das obere Paar über, das untere unter Wasser sehen kann, und zwar gleichzeitig.

Das Wassertier Roter Schwamm kann in bis zu 1000 Stücke zerbrochen werden und sich doch wieder selbst herstellen.

Ein elektrischer Aal produziert durchschnittlich 400 Volt.

Goldfische scheinen ab und zu seekrank zu werden.

Kalmare können Selbstmord begehen, indem sie ihre eigenen Tentakel verschlingen.

Ein Tintenfisch kann sich in der Aufregung selbst fressen.

Der Thunfisch hört niemals auf, sich zu bewegen.

Der Hering ist weltweit der meistgegessene Fisch.

Hummer haben acht Beine.

Hummer haben blaues Blut.

Der Schwertfisch schafft eine Höchstgeschwindigkeit von 110 km/h.

Delphine schlafen mit einem offenen Auge.

Delphine schlafen immer nur halb: jeweils eine Hirnhälfte ruht, während die andere wacht.

Ein neugeborenes Blauwalbaby wiegt so viel wie ein ausgewachsenes Nilpferd.

Wale nehmen in ihren ersten beiden Lebensjahren an Gewicht um das 30millionfache zu.

Da die Augen von Walen starr im Kopf sitzen, müssen die Tiere mit ihrem ganzen Körper manövrieren, wenn sie ihre Blickrichtung ändern wollen.

Wale können nicht rückwärts schwimmen.

Ein ausgewachsener Wal braucht mindestens 3 Tonnen Nahrung pro Tag.

Der größte Salzwasserfisch ist der Walhai.

Haie sind immun gegen Krebs.

Die größten Eier legen Haie.

Haie müssen ständig vorwärts schwimmen, sonst sterben sie.

Haifischzähne sind hart wie Stahl.

Das Nilpferd wird unter Wasser geboren.

Das Faultier kann sich im Wasser doppelt so schnell bewegen wie an Land.

Kamelhöcker enthalten kein Wasser, sondern Fett.

Kuhmilch enthält viel mehr Proteine als Menschenmilch.

Die Fledermaus ist das einzige Säugetier, das fliegen kann.

Nashornhörner bestehen nicht aus Horn, sondern aus Haaren.

Das Zebra ist weiß-, nicht schwarzgestreift.

Ein Giraffenhals hat ebenso viele Wirbel wie ein Menschenhals.

Giraffen können sich die eigenen Ohren auslecken.

Das Herz einer Giraffe kann bis zu 20 Pfund wiegen.

Giraffen können nicht husten.

Känguruhs sind ausgezeichnete Schwimmer.

Das Känguruh kann nur springen, wenn es sich mit seinem Schwanz auf dem Boden abstützt.

Känguruh-Fleisch ist cholesterinfrei.

Der Koala-Bär ist kein Bär, sondern ein Beuteltier.

Bären sind wie Menschen Links- oder Rechtshänder.

Ein Elefantenrüssel hat ein Fassungsvermögen von rund sechs Litern.

Jeder Elefant schläft pro Tag durchschnittlich 2 Stunden.

Elefanten können nicht in die Luft springen.

Das einzige Tier mit vier Knien ist der Elefant.

Gorillas strecken ihre Zungen heraus, wenn sie ärgerlich werden.

Gorillas schlafen bis zu 14 Stunden pro Tag.

Gorillas essen kein Fleisch.

Gorillas können nicht schwimmen.

Der Orang-Utan warnt Angreifer mit einem lauten Rülpser.

Schimpansen haben mehr Chromosomen als Menschen.

Faultiere verbringen 75% ihres Lebens schlafend.

Ein Gepard (Tschita) kann aus dem Stand in zwei Sekunden eine Geschwindigkeit von 60 km/h erreichen.

Strauße und Maulwürfe können schwimmen.

Vor Japans Küsten leben Riesenkrabben von über 13 kg Gewicht.

Das durchschnittliche Stachelschwein hat 30000 Stacheln.

Hunde sind farbenblind.

Am Kongo lebt eine Hundeart, Basenji, die nicht bellen kann: der Basenji gibt eine Art Jodeln von sich und wäscht sich wie eine Katze.

Hunde schwitzen durch ihre Fußballen.

Soweit bekannt, lebte keine Katze bisher länger als 36 Jahre.

Katzen verschlafen über 50% ihres Lebens.

Eine Ratte kann länger ohne Wasser leben als ein Kamel.

Ratten können sich nicht erbrechen.

Die Schwangerschaft einer Rhinozeros-Kuh dauert 560 Tage.

Pferde können stehend schlafen.

Falabella-Pferde, die nur knapp 60 cm Risthöhe erreichen, können auf kurzen Strecken selbst die schnellsten Rennpferde distanzieren.

Jedes reinrassige Rennpferd in der Welt kann auf jene 3 Araber zurückgeführt werden, die im 18. Jahrhundert nach England kamen.

Igel können ohne Flöhe nicht leben, da diese ihrer Haut lebenswichtige Reize vermitteln.

Die einzigen wilden Kamele auf Erden findet man heute in Australien.

Tiere unterscheiden sich von Menschen dadurch, daß sie Rache und Vergeltung nicht kennen.

Auf der Hautoberfläche eines Menschen leben mehr Lebewesen als Menschen auf der Oberfläche der Erde.

Während der letzten 4000 Jahre wurde kein Tier neu domestiziert.

Selbst eine Fliege, die auf einem Flugzeugträger landet, bewirkt, daß der Flugzeugträger um ein Winziges tiefer sinkt.

Der Schmetterling hieß auf Englisch ursprünglich flutterby (Vorüberflatterer), ehe der Name butterfly (Butterfliege) entstand.

Im Verhältnis zu ihrer Größe ist die gewöhnliche Hausspinne 8mal so schnell wie der schnellste Olympia-Sprinter.

Das Tier mit dem größten Gehirn im Verhältnis zu seiner Körpergröße ist die Ameise.

Bei Kernwaffenversuchen in der Sahara wurde festgestellt, daß Skorpione das 200fache an Radioaktivität vertragen können wie ein Mensch.

Ein Skorpion kann in einen Eisblock eingefroren bis zu 3 Wochen überleben.

In Neuseeland legte einst ein Huhn binnen eines Kalenderjahres 361 Eier.

12% des Gewichtes des Hühnereis entfallen auf die Schale.

Das größte Ei der Welt, das Straußenei, braucht etwa 40 Minuten, bis es hart gekocht ist.

Eine Python kann nicht nur ein Schwein ganz schlucken, sondern auch über ein Jahr lang fasten.

Klapperschlangen schmecken fast wie Aal, nur zarter und besser, da ihr Fleisch fester und nicht tranig ist.

Krokodilschwanzsteaks schmecken wie Hummer.

Man kann das Maul eines Alligators mit einer Hand zuhalten.

Schildkröten sind als Spezies 275 000 000 (275 Millionen) Jahre alt.

Langusten werden scharlachrot, wenn man sie kocht.

Flundern sind leicht zu speeren, wenn man auf die Zehen aufpaßt.

1688 beschwamm, so weit bekannt, erstmalig ein Narwal den Rhein bis Mannheim, wo er erschossen wurde.

Die Chancen, von einem Hai angegriffen zu werden, stehen 1 : 30 000 000.

Griechenland ist der Welt größter Naturschwammexporteur.

In Ägypten gilt das Kamel als äußerst schmackhaft. In Urumqi aß ich gebratene Kamelfüße: wirklich eine Delikatesse.

Wenn man alle Zwischenräume beseitigt, die sich in den Atomen befinden, aus denen ein Kamel besteht, könnte man es bequem durch ein Nadelöhr wandeln lassen.

Türken lieben Kamelringen.

Der Körper der meisten Chamäleone mißt nur die Hälfte ihrer Zungenlänge.

Die Rattenpopulation Großbritanniens ist ebenso kopfstark wie die Menschenpopulation.

Statistisch gesehen kommen Todesfälle durch Flugzeugabstürze seltener vor als durch Eselstritte.

Das Schwein zählt zu den zehn intelligentesten Tieren und ist eines der saubersten, wenn man ihm ausreichend Platz einräumt.

Männliche Affen können wie Männer Glatzen bekommen.

Mäusemilch kostet pro Liter 40000 DM.

Die Reisegeschwindigkeit eines Hundeschlittens mit 10 Hunden beträgt 19 km/h.

1968 wurde jeder 32. Briefträger vom Hund gebissen.

Etwa 25% aller Menschen, die vom Hund gebissen werden, werden von Schäferhunden gebissen.

Hundezähne bildeten bis vor kurzem eine Art Geld auf den Salomonen.

In den USA gibt es ein Heiratsvermittlungsbüro für einsame Katzen und Hunde.

1890 verkaufte Ägypten 180000 mumifizierte Katzen an einen Kunstdüngerfabrikanten als Rohmaterial für Kunstdünger.

Der Berg Athos ist auch für weibliche Tiere verboten.

90% jeder Pflanze sind Wasser.

Kirschbaumblätter sind giftig.

Spanholz besteht hauptsächlich aus Birke.

Bereits 3000 vor Christus aß man in China Rhabarber.

Rhabarber war im Mittelalter eines der höchstbezahlten Ausfuhrgüter Chinas in den Westen.

Es gibt über 30 000 Rosenarten.

Das Königreich Tonga gab einmal eine Briefmarke in Bananenform heraus.

Erdnüsse finden bei der Herstellung von Dynamit Verwendung.

Cashewnüsse gehören zur selben Familie wie giftiger Efeu.

Safran wird aus den Staubgefäßen des Krokus gewonnen.

Während des Zweiten Weltkriegs verwendete man erfolgreich die Milch aus jungen Kokosnüssen als Blutplasma-Ersatz.

Gurken sind Früchte, kein Gemüse.

Die rohe Gurke ist das kalorienärmste Nahrungsmittel.

Auf Kroatisch heißen Kartoffeln krumpir, vom Deutschen Grundbirne, nicht Erdapfel.

Spinat kommt ursprünglich aus Persien.

Knoblauch gehört zur Familie der Lilien.

Die Tomate wurde in Deutschland während des Ersten Weltkriegs heimisch, von Berlin aus, die gelbe bulgarische Tomate, geliefert vom Kriegspartner Bulgarien, als Aufschnittersatz.

Tomaten hießen einst Liebesäpfel.

1974 reisten mehr Engländer in die DDR als nach Griechenland.

1702 erschien als erste englische Tageszeitung der ›Daily Courant‹.

Eine Sonntagsausgabe der ›New York Times‹ verbraucht 63 000 Bäume.

Eine öffentliche Toilette am Hadrians-Wall verfügt über 20 Sitzplätze nebeneinander.

Im Durchschnitt enthält jeder Mensch zwei Moleküle des letzten Atems von Julius Caesar.

Disraeli stellte die Füße seines Bettes in Schalen mit Salzwasser, um bösen Geistern den Zugang zu verwehren.

Napoleon litt an Hämorrhoiden.

Napoleon Bonaparte, Mahatma Gandhi und Sigmund Freud litten an Verstopfung.

Nelsons Leichnam wurde in einem Faß Rum konserviert.

Horatio Nelson, Jack the Ripper und Judy Garland waren Linkshänder.

Die alten Hispanier reinigten sich die Zähne oft mit dem eigenen Urin.

Am Niederrhein gurgelte man noch Mitte dieses Jahrhunderts mit dem eigenen Urin gegen Diphtherie und andere Halserkrankungen.

Ein Mann von 68 kg reicht gerade zu einer Mahlzeit für 40 Kannibalen.

99% aller Lebensformen, die je auf Erden lebten, sind ausgelöscht.

Rund eine Million Menschen stirbt pro Jahr in Afrika und Asien an Malaria.

1888 wurden in Indien 246 Menschen durch Hagelschlag getötet.

Am 29. März 1461 verloren in der blutigsten Schlacht der Rosenkriege zwischen den Häusern York und Lancaster bei Towton zwei Drittel des englischen Adels (männlich) das Leben.

Blitze töten pro Jahr über 400 US-Bürger.

In den USA gibt es mehr Psychoanalytiker als Briefträger.

Unter Psychiatern gibt es doppelt so viele Selbstmorde im Jahr wie unter ihren Patienten.

Männer begehen doppelt so häufig Selbstmord wie Frauen.

Männer fallen häufiger aus dem Bett als Frauen.

Männer haben im Durchschnitt 10% mehr rote Blutkörperchen als Frauen.

Blut ist nur wenig dicker als Wasser.

Erwachsene atmen etwa 23 000mal pro Tag.

Babys bis zum Alter von 6 Monaten können gleichzeitig atmen und schlucken.

Nur jedes 20. Kind wird an dem Tag geboren, den die Ärzte als Geburtstag voraussehen.

Die kinderreichste deutsche Mutter, Barbara Schmotzerin, hatte von ihrem Eheherrn Adam Stratzmann insgesamt 53 Kinder.

Der Mensch verliert alle vier Wochen eine vollständige Hautschicht.

Des Menschen Haut wiegt ungefähr sieben Pfund.

Durchschnittlich verliert man pro Tag 30 bis 60 Haare.

Menschenmuskeln können nicht schieben, sondern nur ziehen.

Für jeden Schritt werden 54 Muskeln benötigt.

Der Mensch bewegt 43 Muskeln, wenn er ein finsteres Gesicht schneidet, und 17, wenn er lächelt.

Im menschlichen Nacken befinden sich Muskeln, die zwar heute ungeübt und außer Wirkung sind, einst jedoch dazu dienten, die Ohren zu bewegen.

Blaue Augen werden im Alter immer heller.

Der Daumennagel wächst am langsamsten.

In jedem Ohr sind rund 4000 Schmalzdrüsen.

Als erster Sinn vermindert sich normalerweise beim Altern der Geruchssinn.

Die Nasenscheidewand heißt lateinisch columella nasi.

Dem Linkshänder wachsen die Nägel an der linken Hand schneller, dem Rechtshänder die an der rechten.

90% des menschlichen Herzens befinden sich in der rechten Körperhälfte.

Die Oberfläche der menschlichen Lunge entspricht einem Tennisplatz.

Der »Musikantenknochen« am Ellbogen ist kein Knochen, sondern ein Nerv.

Der Mensch hat im Mund mehr Bakterien als im After.

Die Füße des Menschen enthalten ca. 25% aller seiner Knochen.

Frauen leiden häufiger an Frostbeulen als Männer.

Jedes Jahr werden rund 500 neue menschliche Krankheiten entdeckt.

Mit dem Kopf gegen die Wand schlagen verbraucht pro Stunde 150 Kalorien.

Jeder achte Mensch auf Erden leidet unter chronischer Unterernährung.

Die gewöhnliche Hausfliege kann bis zu 30 verschiedene Krankheiten übertragen.

Influenza bekam ihren Namen, weil man glaubte, diese Krankheit entstehe aus dem schlechten Einfluß (influentia) der Sterne.

Wer an akuter Nasopharyngitis leidet, hat einen Schnupfen.

Wer Angst vor Betten hat, leidet an Klinophobie.

Wer Bärte fürchtet, leidet an Pognophobie.

Die Geldgier der Väter zeugt die Drogensucht der Kinder.

Heroingenuß oral führt zu Verstopfung.

Eine Krankheit namens Bulimia besteht darin, daß der Kranke bis zu 15 Stunden ununterbrochen zwanghaft essen muß.

Im Mittelalter war es üblich, daß Frauen sich Holunderzweige ans Fußende des Bettes banden, um zu verhindern, daß sie zu Hexen wurden.

Eau de Cologne wurde ursprünglich als Mittel gegen die Pest erfunden.

Abrakadabra war ursprünglich ein magisches Wort zur Bekämpfung von Heuschnupfen.

Muskat, intravenös gegeben, ist tödlich.

Im 19. Jahrhundert galt Tomatenmark als Medizin.

Man kann aus der Borke bestimmter Bäume Aspirin gewinnen.

Am Niederrhein behandelt man schwere Fälle von andauerndem Erbrechen oder Durchfall mit Stutenmilch, die der Kranke trinkt, nachdem in ihr glühende Eisenstücke abgeschreckt worden sind.

Finstere graue Stimmung paßt zu finsterem grauen Wetter.

Mütter neigen dazu, ihre unausgelebten Probleme und ihre unbefriedigten Sehnsüchte von ihren Töchtern austragen zu lassen.

Im britischen Unterhaus werden pro Woche über 2000 pints Bier getrunken.

Manche Musikautomaten sind so eingerichtet, daß man von ihnen auch drei Minuten Stille kaufen kann.

Tabak ist geraucht gesundheitsschädlich, gegessen nahrhaft.

Wer ein Stück Sellerie ißt, verbraucht dabei mehr Kalorien, als das Stück enthält.

Die Verpackung von Cornflakes enthält mehr Nährstoffe als die Cornflakes in ihr.

Kinder essen am liebsten Chips, am unliebsten Salat.

Der Geschmack von Chili con carne kann durch die Beigabe bitterer Schokolade verfeinert werden.

Ein Pfund Zitronen enthält mehr Zucker als ein Pfund Erdbeeren.

Tangerinen heißen Tangerinen, weil sie von Tanger exportiert werden.

Der teuerste Käse der Welt ist Frankreichs La Barratte.

Cheshire gilt als ältester englischer Käse.

Das meistverkaufte Eis ist Vanille-Eis.

Zu den ursprünglichen Zutaten von Coca Cola gehörte Kokain.

Meine Mutter lehrte mich das Wackeln mit den Ohren und kaninchenhaftes Nasenflügelzucken.

Nieser erreichen Geschwindigkeiten bis zu 180 km/h.

Nur Menschen können weinen.

Pythagoras glaubte, manche Seelen würden nach dem Tode zu Bohnen.

Mark Twain wurde 1835 geboren – dem Jahr des Erscheinens des Halleyschen Kometen. Er starb 1910 – dem Jahr des Erscheinens des Halleyschen Kometen.

Henrik Ibsen hatte ein Bild seines Rivalen August Strindberg über dem Schreibtisch, um sich zu härterer Arbeit anzuhalten.

Maurice Ravel schrieb einmal ein Klavierstück für einen Einhändigen.

Der Komponist Schönberg wurde am 13. September 1874 geboren. Er war überzeugt, daß er an einem 13. sterben werde. Da 7 und 6 13 ergeben, war er überzeugt, daß er 76 Jahre alt werde. Er starb am 13. Juli 1951, 13 Minuten vor Mitternacht, im Alter von 76 Jahren.

Am 10. September 1897 wurde der Taxifahrer George Smith als erster Mensch wegen Trunkenheit am Steuer eines Autos verurteilt.

In fast allen Sprachen der Welt beginnt das Wort für Mutter mit einem M.

Auf Korfu heißen über 50% aller Männer Spiro.

Alle Sikhs heißen Singh (der Löwenherzige).

Der verbreitetste Vorname auf Erden ist Mohammed.

Schultze ist nicht der häufigste deutsche Familienname.

›Vom Winde verweht‹ sollte ursprünglich ›Bäh, Bäh – schwarzes Schaf‹ heißen, nach einem bekannten alten englischen Kinderlied ›Bah bah black sheep‹, doch mußte der neue Titel gesucht werden, nachdem sich herausstellte, daß Rudyard Kipling bereits eine seiner Erzählungen (in ›Wee Willie Winkie and other stories‹) so betitelt hatte.

Die letzte Person, die Altkornisch, die keltische Sprache von Cornwall, als Muttersprache sprach, starb 1777.

In Ägypten grüßt man einander »Wie schwitzest Du?«.

In viktorianischen Zeiten galt für eine Dame die Dauer von 15 Minuten für einen Besuch bei einer anderen Dame als de rigeur (als unbedingt erforderlich). Es galt aber als unfein, auf die Uhr zu schauen.

Der Kilt stammt ursprünglich aus Frankreich, nicht aus Schottland.

Im 14. Jahrhundert war es bei französischen Damen Mode, das Korsett über der Kleidung zu tragen.

Im China Mao Zedongs war es bei Wohlhabenden üblich, elegante Seidenkleidung unter den baumwollnen Uniformen der Blauen Ameise zu tragen.

Den Dudelsack brachten die Römer nach England.

Die griechische Nationalhymne hat 158 Strophen.

Etwa 50% aller Klaviere sind verstimmt.

Instant-Kaffee wurde in der Mitte des 18. Jahrhunderts erfunden.

Die erste Weißwurst entstand durch Zufall am Faschingssonntag 1857.

Lord Sandwich ist nicht der Erfinder des Sandwich.

Indianer rauchen durch Magen und Nase.

Bombay-Enten werden aus Trockenfisch gemacht.

Die Schweden trinken pro Kopf mehr Kaffee als jedes andere Volk auf Erden.

Menschen tragen Schuhe normalerweise an beiden Füßen gleichzeitig.

Tibetaner lassen am linken kleinen Finger den Nagel länger wachsen, um sich damit Nase und Ohren besser putzen zu können.

Aus China ist seit 875 der Gebrauch von Toilettenpapier belegt.

In Gefängnissen sitzen durchschnittlich 30mal so viel Männer wie Frauen.

Reispapier wird nicht aus Reis gemacht.

Eine Blechbüchse verrottet im Durchschnitt binnen 100 Jahren.

In Los Angeles gibt es mehr Autos als Menschen.

20% aller Autounfälle in Schweden werden durch Elche verursacht.

Die ersten Parkuhren der Welt wurden 1935 in Oklahoma aufgestellt.

Ein normaler Parkschein wird sich im Durchschnitt binnen 4 Wochen auflösen.

Die Regierung von Dubai kaufte einen Schneepflug, um die Straßen vom Sand zu befreien.

In Saudiarabien gibt es keine Flüsse.

Nördlich des Äquators befinden sich etwa dreimal soviele Länder wie südlich.

Die alten Römer verwendeten Schwämme an Stöcken anstelle von Klopapier.

Der Panama-Hut stammt aus Ecuador.

10% des jährlichen Salzabbaus der Welt werden für die Enteisung der Straßen in den USA verwendet.

Die Bevölkerung der USA macht etwa 6% der Weltbevölkerung aus, aber verzehrt rund 60% aller irdischen Ressourcen.

Ein Uhrmacher verbraucht zum Anziehen etwa die doppelte Energie, die er für die Arbeit eines ganzen Tages benötigt (es sei denn, er repariert Kirchenuhren).

Inkas und Azteken hatten Kulturen ohne Räder.

Der Londoner Tower war während seiner langen Karriere u. a. auch einmal ein Zoo.

Der sonderbar gezwirbelte achteckige gotische Helm der Clemenskirche in Mayen entstand, weil die alten Baumeister wohl in Unkenntnis der Stärke eiflischer Winde auf eine entsprechend zähe Verstrebung (»Andreaskreuz«) verzichteten: die Winde verzwirbelten.

Die Große Mauer gehört zu den irdischen Bauwerken, die vom Mond aus nicht mit bloßem Auge zu sehen sind.

Zur Äquilibrierung von Golfbällen wird ihr Inneres mit Honig gefüllt.

Auch außerhalb Chinas ist Briefmarkensammeln das verbreitetste Hobby.

Fußball wird seit dem 12. Jahrhundert gespielt.

Yukatan heißt Yukatan, weil die Eingeborenen mit diesem Wort die Frage beantworteten, die ihnen die weißen Ankömmlinge stellten: »Wie heißt Euer Land?« – »Ich kann Dich nicht verstehen.«

Seit Caesars ›De bello gallico‹ weiß man, daß jede Landschaft, die sich zivilisiert nennen will, in drei Teile zu zerfallen hat.

Bayerns längster Fluch lautet: »Himmiherrgotzsakramentzefixallelujaglumpfarregtz!«

Homonyme sind Worte gleichen Klangs, doch unterschiedlicher Bedeutung.

Der Professor entstammt der gleichen Wortwurzel wie der Profit.

Die Bibel ist in mindestens 275 Sprachen gedruckt worden.

Die Etymologie des Wortes Kuß ist bis heute nicht befriedigend geklärt.

Zungenabdrücke sind ebenso einmalig wie Fingerabdrücke.

Nach Ansicht der zuständigen Fachleute ist Großbritannien dichter von Geistern bevölkert als irgendein anderes Land der Erde.

Unter den Sternzeichen gibt es nur ein unbelebtes: die Waage.

Kubaner glauben, daß es gefährlich sei, im Mondschein barhäuptig zu gehen.

Die Angelsachsen hielten den Freitag für solch einen Unglückstag, daß sie jedes Kind töteten, das freitags geboren wurde.

Hackordnungen sind der Ausdruck von Schutzbedürfnissen der Gen-Egoismen.

Gen-Egoismus denkt nicht, sondern manipuliert.

Die Liturgie der Sitzungen der Académie Française entspricht vollkommen den Ritualen jeder Hackordnung.

Prostitution entsteht durch Kundschaft.

Auch Korruption entsteht durch Gier.

Die 64 Grundworte des genetischen Codes alles irdischen Lebens werden durch die Dreierkombinationen der 4 Nukleotidbasen gebildet, sogenannte Tripletts ($4^3 = 64$); dieses Codesystem der Erbsubstanz Desoxynukleinsäure DNS bzw. (englisch) DNA stellt ein streng komplementäres binäres Informationssystem dar.

Die 64 Hexagramme des chinesischen I Ging (›Buch der Wandlungen‹), einer archaischen Evolutionstheorie und bedeutendste Grundlegung aller späteren chinesischen Entwicklungen, werden durch Dreierkombinationen der 4 »Großen Bilder« gebildet ($4^3 = 64$); dieses Codesystem astrologischer Erkenntnisse in der Form eines Orakelsystems, u.a. Grundlegung und Kristallisationskern für die Konstruktion der Wort- bzw. Schriftzeichensprache, stellt ein streng komplementäres binäres Informationssystem dar.

Leibniz interpretierte als erster die Hexagramme des I Ging als Binärsystem und entwickelte daraus sein Binärsystem, die Grundlegung aller modernen Computersprachen und -systeme.

Die strukturelle Isomorphie der Zellorganisation nach den Regeln der 64 DNS-Tripletts mit der Organisation des ›Buchs der Wandlungen‹ nach den Regeln der 64 Hexagramme läßt sich noch nur konstatieren.

Kein noch so großes oder dünnes Stück Papier kann häufiger als 7mal auf die Hälfte gefaltet werden.

Die Tür zu Downing Street 10 kann nur von innen geöffnet werden.

In Großbritannien ist der Premierminister Nr. 11 in der offiziellen Rangordnung.

In Iowa flog 1962 eine Kuh im Sog eines Tornados fast 1 km weit.

Unsicher ist, ob der mexikanische Chihuahua ein Hund oder ein Nagetier ist.

Mengenmäßig steht im Welthandel Erdöl an erster, Kaffee an zweiter Stelle.

Den reichsten 10% aller Franzosen geht es rund 50mal besser als den ärmsten 10%.

Franzosen essen rund 500000000 (500 Millionen) Schnecken pro Jahr.

Der größte bekannte Käse war ein Cheddar: 4,4 m lang, 1,9 m breit, 1,8 m hoch und 17,5 Tonnen schwer.

Drei Viertel jeder Kartoffel sind Wasser.

Kumyß ist ein türkisches Wort für vergorene Stutenmilch, in undestilliertem Zustand etwa wie Starkbier.

1935 kam das erste Dosenbier auf den Markt.

Der menschliche Körper enthält genügend Eisen, um daraus eine Stange zu fertigen, die stark genug ist, eben diesen Körper zu tragen.

Der menschliche Körper enthält genügend Kohlenstoff, um rund 9000 Bleistifte mit Minen zu versorgen.

Das menschliche Gehirn verbraucht 25% allen Sauerstoffs, den der Mensch einatmet.

Das menschliche Gehirn besteht zu 80% aus Wasser.

Das menschliche Gehirn wiegt drei Pfund.

Das menschliche Gehirn weist mehr Nachrichtenverbindungen auf, als nötig wären, um jeden Menschen auf Erden mit jedem anderen direkt zu verbinden.

Die Langerhansschen Inseln sind kein Ferienland, sondern Zellgruppen in der Bauchspeicheldrüse.

Der durchschnittliche Mann kann bis zu 500 Millionen (500 000 000) Spermen pro Ejakulation produzieren, der durchschnittliche Hengst das 18fache (= 9 000 000 000).

Im alten Europa verwendeten Menschen Olivenöl als Seife.

Im 18. Jahrhundert lebte eine Frau 116 Jahre; sie wusch sich nur mit Schmalz.

Die Iren trinken pro Kopf mehr Tee als jedes andere Volk auf Erden.

Jeder US-Bürger verbraucht pro Jahr 20 Tonnen Mineralien.

75% aller Norweger leben weniger als 15 km vom Meer entfernt.

Wenn der Mund völlig trocken wäre, könnte man keinen Geschmack wahrnehmen.

Die gesamte Menschheit könnte auf der Insel Wight untergebracht werden, allerdings nur auf Stehplätzen.

Die Wissenschaft von der Dummheit heißt Morologie.

Die beiden höchsten IQs, die je nach Standardtests ermittelt wurden, gehören Frauen.

Pro Minute ereignen sich irgendwo auf der Erde zwei kleinere Erdbeben.

Als 1883 der Krakatau in die Luft flog, konnte die US-Küstenwache den Krach vier Stunden später hören; die fernste akustische Wahrnehmung wird aus Texas gemeldet.

Der wüsteste Sturm, den Großbritannien je erlebte, tobte am 26. November 1764; er soll über 8000 Menschenleben gefordert haben.

In London ereignete sich der letzte Smog 1962.

Bodennebel von 15 m Höhe über 270 km² Fläche enthält soviel Wasser wie 1 normaler Eimer.

Wenn Westeuropa in dem gleichen Maße weitersinkt wie gegenwärtig, wird in 200 000 Jahren der Eiffelturm überflutet sein.

Das Golddach der Kathedrale in Krakau wurde von saurem Regen aufgelöst.

Die Sonnenpyramide und die Mondpyramide Mexikos sind mit Zement aus Maismehl erbaut worden.

Wenn man die Große Cheopspyramide abbräche und aus ihren Steinen eine Mauer um Frankreich baute, wäre diese 3 m hoch.

Eis ist leichter als Wasser.

Eisberge wiegen durchschnittlich 20 000 000 (20 Millionen) Tonnen.

1956 vermaß man eine Eisscholle von 31 000 km².

Vor rund 450 Millionen Jahren befand sich der Südpol da, wo heute die Sahara ist.

Jeder Kontinent weist mindestens eine Stadt mit Namen Rom auf.

Eurasien mißt 54,4 Millionen km^2.

Alaska ist zweimal so groß wie Texas.

Die Sahara ist so groß wie die USA.

In der Sahara gibt es eine Stadt, die ausschließlich aus Salz erbaut ist.

1979 schneite es in der Sahara zum ersten Mal seit Menschengedenken.

In der Atacama-Wüste in Chile ist nach menschlichem Wissen nie Regen gefallen.

England ist kleiner als New England.

Das Amazonas-Bassin versorgt die Welt mit rund 40% ihres Sauerstoffs – noch.

Der Amazonas hat über 1000 Nebenströme.

Die Angel-Wasserfälle in Venezuela sind rund 20mal so hoch wie die Niagara-Fälle.

Der Nil ist, soweit man weiß, nur zweimal zugefroren: im 9. und im 11. Jahrhundert.

Es gibt 38,5mal so viel Salz- als Süßwasser auf Erden.

Die Hälfte aller irdischen Binnengewässer befindet sich in Kanada.

In den Ozeanen sind 85% allen Pflanzenlebens auf Erden.

In den Ozeanen befindet sich aufgelöst etwa 200mal soviel Gold wie in der Menschheitsgeschichte bisher ergraben wurde.

1925 froren die Niagara-Fälle zu.

Im Laufe der Zeit sind die Niagara-Fälle ca. 10 km tiefer ins Land geraten, als sie ursprünglich entstanden.

Das Rote Meer wird in der Bibel nicht erwähnt. Doch gibt es die Theorie, daß seine eigentliche Bezeichnung Schilfmeer war; durch einen Abschreibfehler in englischen Übersetzungen wurde aus dem Reed Sea Red Sea, von woher das Rote Meer seinen Ausgang nahm. Das Schilfmeer wird in der Bibel erwähnt.

Das Rote Meer ist in Wirklichkeit blau.

Das Tote Meer verdampft pro Tag 7 500 000 Tonnen Wasser.

In einem Teelöffel Wasser sind ebenso viele Wassermoleküle, wie Teelöffel Wasser im Atlantischen Ozean.

120 Wassertropfen füllen einen Teelöffel.

Halleys Komet wurde zuletzt 1986 gesichtet.

Alle Planeten des Sonnensystems hätten in einem ausgehöhlten Jupiter Platz.

Die Sonne wiegt etwa 99% des Gesamtgewichts des Sonnensystems.

109 Erddurchmesser ergeben 1 Sonnendurchmesser.

Nur weil der Mond, der 400mal kleiner als die Sonne ist, der Erde zugleich 400mal näher steht, kann es zu vollkommenen Finsternissen kommen.

Die Masse der Sonne vermindert sich durch Abstrahlung pro Sekunde um 4 000 000 (4 Millionen) Tonnen.

Der Durchmesser des sichtbaren Universums beträgt 25 000 000 000 (25 Milliarden) Lichtjahre.

Der rote Stern Epsilon Aurigae ist 27 000 000 000 (27 Milliarden) mal so groß wie die Sonne.

In unserer Galaxis gibt es 5 Milliarden (5 000 000 000) Sterne, die größer sind als die Sonne.

Man braucht etwa zwei Millionen Wasserstoffatome, um den Platz eines normalen zu füllen.

Während Sie diesen Satz lesen, werden Sie von 100 000 000 000 000 000 000 (100 Milliarden · Milliarden) Luftmolekülen bombardiert.

Wenn unsere Ohren empfindlicher wären, würden sie vom Dröhnen des Aufeinanderprallens der Luftmoleküle taub.

Die Chemikalie Tryptophansynthetase wird mit der Formel $C_{1289} H_{2051} N_{343} O_{375} S_8$ bezeichnet, ihr voller Name zählt 1913 Buchstaben.

Ohne Abkürzungssysteme wie 9^{9^9} brauchte man zur Darstellung dieser Zahl 369 000 000 Ziffern (3 ist zur 387 420 489. Potenz erhoben).

Die Eulersche Konstante e = 2,718 dient als Basis für natürliche Logarithmen und Exponentialfunktionen.

Das Femtometer ist die kleinste Längeneinheit: sie entspricht 10^{-15} m.

Bei der Anwendung des metrischen Systems sind wichtigste Hilfsgeräte Zollstock und sumerische Zeitzählung.

Nur eine Zahl kann mit sich selbst addiert und multipliziert werden und immer dasselbe Ergebnis ergeben: 2.

Wenn der Boden nicht mit Chemikalien behandelt ist, leben auf einem Morgen durchschnittlich mindestens 50 000 Spinnen.

Da nahezu jede Explosion eine Atomreaktion enthält, ist der Name Atombombe falsch, denn die enthält eine Nuklearreaktion.

Die Energien, die ein normaler Hurrikan in zehn Minuten freisetzt, entsprechen ungefähr den Energien, die in allen Kernwaffen auf Erden gespeichert sind.

Das Wort huracán bedeutete in karibischen Indianersprachen jenen einbeinigen Gott, der brüllend übers Meer stieg.

Ein Jumbo-Jet hat in seinen Tanks genügend Treibstoff, um ein normales Auto viermal um die Erde zu treiben.

Jedesmal, wenn man mit der Peitsche schnalzt, muß die Schmitze (das Peitschenende) Schallgeschwindigkeit erreichen.

Die meisten Pflanzenpollen entzünden sich und explodieren, wenn sie auf eine heiße Oberfläche fallen.

Ein elektrischer Ventilator kühlt die Luft nicht ab, sondern setzt sie in Bewegung, während seine Betriebswärme die Raumtemperatur erhöht.

Da Stahl sich in der Hitze ausdehnt, ist die Eisenbahnbrücke über den Forth in Schottland im Sommer einen Meter länger als im Winter, der Eiffelturm in Paris 15 cm höher.

Bestimmte Kunststoffe, die im Autobau verwendet werden, riechen ähnlich wie weibliche Marder, weshalb immer häufiger Marder unter Motorhauben schlüpfen und dort Kabel und Leitungen zernagen.

Zu den Hauptexportgütern Liechtensteins gehören falsche Zähne.

Ungarn exportiert mehr Nilpferde als jedes andere europäische Land.

Im 19. Jahrhundert war Aluminium teurer als Gold.

Gold ist das 16. seltene Element.

Diamanten kann man mit Bornitrid ritzen.

Das Edelmetall Gallium schmilzt, wenn man es in die Hand nimmt.

Magnesium wird schwerer, wenn man es verbrennt.

Bei Zimmertemperatur ist nur ein Metall flüssig: Quecksilber.

Gummi zieht sich bei Wärme zusammen.

Bleistifte werden nicht aus Blei, sondern aus Graphit hergestellt.

Öl und Wasser kann man mit Hilfe von Seife mischen.

In Sodawasser gibt es kein Soda.

Starker Regen erreicht Fallgeschwindigkeiten von bis zu 36 km/h.

Die kleinsten Naturbäume der Welt sind die Zwergweiden Grönlands, die knapp 5 cm Höhe erreichen.

Die sibirische Lärche stellt 20% aller Bäume auf Erden.

Bestimmte Bambusarten können binnen 24 Stunden um einen Meter wachsen.

Japanische Kirschbäume tragen manchmal Früchte.

Keine Sonnenfinsternis kann länger als höchstens 7 Minuten und 58 Sekunden dauern.

Mondfinsternisse können pro Jahr höchstens dreimal geschehen.

Sternschnuppen sind keine Sterne, sondern brennende Meteore.

Tagsüber stehen Wolken höher als nachts.

Schmutziger Schnee schmilzt schneller als sauberer.

Jede Kubikmeile Meerwasser enthält im Durchschnitt 150 000 000 Tonnen Mineralien.

Schiffe fahren in kaltem Wasser schneller als in warmem.

Milch ist schwerer als Sahne.

Die absolute Temperaturgrenze nach unten liegt bei −273 Grad Celsius und ist eine der absoluten Naturkonstanten; die absolute Temperaturgrenze nach oben ist, wenn es sie überhaupt gibt, noch nicht gefunden worden: bekannt sind bisher Temperaturen von vielen Millionen Graden.

Die optimale Körpertemperatur des Menschen liegt bei + 37 Grad; ab + 41 Grad nach oben und ab + 35 Grad nach unten besteht bereits Lebensgefahr.

Rechtzeitiger Haarausfall beugt Schuppen vor und verhindert lästige Scheitelbildung.

Blonde Bärte wachsen schneller als dunkle.

Es gibt in der Bundesrepublik Deutschland ca. 489 000 km öffentliche Straßen und ca. 34 000 000 Kraftfahrzeuge. Verteilt man die auf die Spuren der Straßen – ca. 995 000 km –, kommen ca. 34 Kraftfahrzeuge auf 1 km Straßenspur mit einem Abstand von 25 m von Wagen zu Wagen.

Niemand geht mit Spermien haushälterischer um als die Feuerameisen-Königin (Solenopsis geminata). Für jede der rund 2 600 000 Arbeiterameisen, die sie in ihrem siebenjährigen Leben hervorbringt, benötigt sie nur 1 bis 3 Spermafäden. Den Vorrat für ihr ganzes Leben erwirbt sich das Weibchen bei einem nur etwa eine Stunde dauernden Hochzeitsflug. Unter den höherentwickelten Säugern nimmt der Samenverschleiß dagegen unaufhaltsam seinen Lauf: Um ein einziges menschliches Ei zu befruchten, bedarf es durchschnittlich 200 bis 600 000 000 Spermien; bei Hengsten und Ebern geht die Redundanz pro Ejakulation in die Milliarden.

Zum guten Schluß.

Wenn man jedoch solcherlei Elementarteilchen des Wissens kaleidoskopisch schüttelt, können ebenso hübsche wie unartige Geschichten daraus entstehen, wie zum Beispiel hier:

Über die chinesischen Drachen, über ihren paläozoologischen, historischen, sozialen und künstlerischen Status sowie über ihre Hierarchie.

Der chinesische Drache weist größere Ähnlichkeiten mit Sumers Marduk-Drachen und der Gefiederten Schlange der amerikanischen Indianerkulturen auf, als mit dem bösen Drachen Europens oder dem Prinzip indischer Bösartigkeit, der Schlange Naga. Chinas Drache ist seit uralten Zeiten ein heiliges Tier, erhaben und meist wohlwollend. Erst mit dem späteren Auftauchen ganzer Drachenpopulationen tauchen auch grundsätzlich böse Drachen auf. Der Drache verkörpert für China das oberste der heiligen Wesen außerhalb des Götterbereichs. Doch sind die Zusammenhänge zwischen Götter- und Drachenwelt noch ebenso ungeklärt wie die zwischen Marduk und China. Die grundsätzlich gütige Haltung des Drachen bedeutet aber nicht, daß er nicht auch wild und ungestüm sein könnte und dadurch, ohne es zu wollen, Schaden anrichtet; ebenso kann er auch durch Schäden strafen, wo Sünde wider des Himmels Willen geschieht. China glaubt seit ältesten Zeiten an die ungewöhnlichen magischen Kräfte des Drachen, weshalb das am 17. Februar 1988 begonnene Jahr des Drachen im Rhythmus der 12 Zeichentiere des chinesischen Kalenders eines der glückverheißenden Jahre zu sein hatte, in dem sich möglichst jeder Nachwuchs zulegte. Wie befruchtend der wegen seiner mythisch-aristokratischen Herkunft und seiner strengen hierarchischen Gliederung besonders kräftereiche Drache gerade in das proletarische Volk der klassenlosen Gesellschaft im sozialistischen China hineinzuzeugen vermag (wohl dank seiner gleich zu nennenden Eigenschaften, die ihn zum Wolken-Regen-Spiel besonders geeignet machen), zeigt sehr anschaulich der Karikaturist Zhang Yaoning mit seinem »Babyboom im Drachenjahr 1988«: In mehrfachen S-förmigen Windungen drängeln wartende Schwangere zur Klinik, deren Bau den Schlangenkopf der Karikatur bildet.

Ähnlich ungewöhnliche magische Kräfte wie der Drache hat nur noch der Affenkönig Sun Wu-kung. Der Drache kann unendlich hoch fliegen oder tief ins Meer tauchen, er kann riesige oder winzige Proportionen annehmen, unsichtbar werden oder in strahlendstem Glanz erscheinen. Er ist wie Gottes Wille absolut unberechenbar, hat aber einige bekannte Eigenschaften und Angewohnheiten: nach der Frühlingsjahresgleiche geht er in den Himmel, dort Wolken und Regen zu verwalten; nach der Herbstjahresgleiche zieht er sich in die Tiefen des

Meeres zu ähnlichem Tun zurück. Im übrigen sind in ihm all die heiligen Eigenschaften versammelt, die durch menschliche Heilige jeweils nur einzeln dargestellt werden können.

Zwar hat kein Sterblicher ihn je gesehen, doch haben die Künstler ihm seit mindestens 6000 Jahren immer wieder eine Gestalt verliehen, die sich nach und nach verfestigt hat: er besitzt ein Rehgehörn, den Kopf des Kamels, die Augen eines Geistes (die sich die Künstler wie Garnelenaugen denken), den Nacken der Schlange, den Bauch der Seeschlange, die Schuppen des Karpfens, die Klauen des Adlers, die Tatzen des Tigers, die Ohren des Stiers. Insgesamt also das einmalige Erscheinungsbild einer riesigen Boa mit Fischschuppen, 4 klauenbewehrten Füßen und annähernd einem Pferdekopf. Manche, vor allem alte, Darstellungen zeigen ihn auch mit hängender Eselslippe, langem Bart und strähnig fließendem Haar. Da der Drache sich immer zwischen den Wolken tummelt, kann er nie als Ganzes gesehen werden.

Doch ist diese Ausgestaltung bereits als späte Stilisierung und Vereinfachung anzusehen: alte Legenden wissen noch von schuppigen, geflügelten, gehörntragenden und gehörnlosen Drachen zu berichten. Eine der schönsten Porträtstudien eines geflügelten Drachen ist uns aus der frühen Zeit der Han-Dynastie (206 v. Chr. bis 220 n. Chr.) in der Form einer Steinskulptur überkommen.

Das Zusammenfügen all der disparaten Einzelheiten wird den Huaxia-Völkern in Chinas ältester Vergangenheit aufgebürdet: die, ein Volk des Schlangentotems, unterwarfen nach und nach viele andere Völker und sollen die wichtigsten Eigenschaften und Symbolzeichen von deren Totemtieren ihrem eigenen hinzugefügt haben, so dessen Herrschaft über jene anzeigend. Das Drachentotem aber ehrten zum Beispiel die Xiungnu (Hunnen) im Norden, die Chu und Yue im Süden, die Ailao und Miao im Südwesten des Alten China, und schon die erste Erbdynastie Chinas, die der Xia (die bis ins 16. Jahrhundert v. Chr. herrschte und die als mythologisierende Spekulation abzutun Historiker nicht ehrt), führte in ihrer Fahne das Symbol zweier ineinander verschlungener Drachen, die die Verbundenheit der Herrscher und ihres Volkes darstellen sollten (wohl auf den gemeinsamen Ursprung beider aus dem Drachentotem zurückzuführen). Bereits die erste der großen Enzyklopädien Chinas, das Shuowen, widmet den Drachen eine exakte Beschreibung: »Der Meister aller schuppigen Kreatur, der Drache, kann sich sichtbar oder unsichtbar, dünn oder dick, lang oder kurz machen. Er steigt nach den Frühlingsäquinoktien in die Himmel empor und nach den Herbstäquinoktien wieder in die Abgründe herab.« Doch ist diese gelehrte Wahrheit wie alle gelehrten Wahrheiten eher geeignet, die Wirklichkeit zu verschleiern, als von ihr auch nur ein deutliches Bild zu geben, geschweige denn ihr Gewimmel in eine systematische und damit verständliche Ordnung zu bringen.

Wie man Drachen systematisch einzuordnen hat, ist eine schwierige Frage. Insbesondere da die Chinesen in ihrer bedeutenden Enzyklopädie ›Himmlischer Warenschatz wohltätiger Erkenntnisse‹ für Tiere eine etwas eigenartige Ordnung eingeführt haben: a) Tiere, die dem Kaiser gehören, b) einbalsamierte Tiere, c) gezähmte, d) Milchschweine, e) Sirenen, f) Fabeltiere, g) herrenlose Hunde, h) in diese Gruppierung gehörende, i) die sich wie Tolle gebärden, j) unzählbare, k) die mit einem ganz feinen Pinsel aus Kamelhaar gezeichnet sind, l) und so weiter, m) die den Wasserkrug zerbrochen haben, n) die von weitem wie Fliegen aussehen. So kam es, daß der große mongolische Kaiser Qubilai Chan, der Begründer der Yüan-Dynastie, eine neue Hierarchie der Drachen entwickeln ließ, um einerseits Ordnung in das ungeordnete chinesische Drachengewimmel zu bringen, und andererseits dem früheren Streit zwischen den Kaisern, die die Drachen für sich monopolisieren wollten, und dem Volk, das damit nicht einverstanden war, zu beenden. Das gelang ihm auch zur allseitigen Zufriedenheit.

Seither liegt fest, daß nur Drachen mit 5 Klauen an jeder Tatze kaiserliche Drachen sind (bis dahin war das Volk der Drachen noch frei von jeglicher gesetzgeberischer Zensur betreffend die Zahl der Krallen an den Tatzen; zur Zeit vor den Fünf Dynastien 907-960 waren z.B. im Süden Chinas vor allem 3klauen-Drachen besonders beliebt, von denen noch heute ein herrliches blaues Exemplar das Yuantong-Kloster in Kunming, der Hauptstadt der Provinz Yunnan, schmückt), während alle Drachen mit weniger als 5 Klauen an jeder Tatze nun unbeschränkt dem Volk gehören.

Chinas Drache ist der Herold des Himmelsherrn und sein Erscheinen damit ein Gutes Omen. Die Hohen Götter reisen in Himmelswagen, die von je 6 Drachen gezogen werden. Auch der Gelbe Kaiser fuhr nach einer Herrschaft von 100 Jahren auf einem Drachen, den ihm der Himmelsherr geschickt hatte, in die Himmel empor. Seither entstand der Glaube, daß alle Herrscher auf Erden dem Geschlecht des Drachen entstammen. Daher nahm die Verehrung des Drachen auch innerhalb der Kaiserverehrung zu und führte zu typischen Eigenschaftswörtern: alles Kaiserliche ist mit Drachenwörtern gekennzeichnet. Kaiserkinder sind »Drachenkinder«, des Kaisers Bett das »Drachenbett« usw. Dementsprechend schmückt das Drachensymbol auch alle kaiserlichen Residenzen. Hingegen ist der Phoenix das Symbol der Kaiserin, und entsprechend überwiegen im amtlichen Palastteil die Drachen-, im privaten Palastteil die Phoenixsymbole.

In den frühen Jahren der Qing-Dynastie (1644-1911) wurde in Peking/Beijing der Beihai-Park geschaffen, dessen berühmtester Schmuck die 9-Drachen-Wand ist, auf der sich 9 große farbige Drachen und 626 kleinere munter tummeln.

Die Hierarchie des Drachenvolkes aber ist am Kopfe diese: an der Spitze steht (und ist damit wiederum Symbol des Kaisers) der karpfenschuppige Jiaolong (long = Drache), ihm folgen der geflügelte Yinglong, der gehörnte Qiulong, der hornlose Lilong, der menschengesichtige Zhulong, der einfüßige Kuilong usw. Nach und nach wurden die Regeln immer rigider: so wurde ein Ming-Künstler zum Tode verurteilt und exekutiert, weil er einen Unsterblichen auf einem kaiserlichen Drachen reitend dargestellt hatte.

Drachenstickereien auf den Gewändern wurden Abzeichen des Adels und der Beamtenschaft. Dabei spielten auch die Farben eine Rolle entsprechend der chinesischen Lehre von den Grundelementen: der blaue Drache war der des Ostens (daß der Osten rot sei, ist eine späte Erfindung Maos in einer für ihn wie für alle Marxisten typischen Verkennung der historischen Wahrheit), der rote der des Südens, der weiße der des Westens und der schwarze der des Nordens (weshalb ja auch der entsprechende nördliche Grenzfluß bis heute Schwarzer Drachenfluß heißt, auf Russisch Amur, was aber auch kein russisches Wort ist, sondern ein ..., doch das führt zu weit). Der wichtigste aber war der gelbe Drache der Mitte. Daher trat China seit Beginn der Mandschu-Dynastie 1644 dem Ausland im Symbol des Gelben Drachen entgegen.

Behauptungen rationalistisch angekränkelter Wissenschaftler, der Drache stelle vergöttlichte Erdmächte dar, oder gar: er sei aus Wolkenbildern entstanden, sind zurückzuweisen. Obwohl die Sache mit den Wolkenbildern wiederum so ganz unmöglich nicht erscheint. Doch müßte man dazu erst nachweisen, daß das alte China eine Wahrsagung aus Wolkenzug und Wolkenform kannte, wie das alte Rom eine aus Vogelflug und Leberform.

Sehr viel mehr Vertrauen verdient da schon die Theorie, daß die Drachen eine Fortentwicklung des uralten Schlangentotems seien (Chinesen, die im Jahr der Schlange geboren sind, nennen es, um so Anteil an der Glückverheißenden Bedeutung des Drachen zu erwischen, Jahr des Kleinen Drachen). Um so mehr Vertrauen, als dadurch das Grundproblem der Urbedeutung ebensowenig für gelöst erklärt wird, wie die Frage der Auslösung der revolutionären Evolution aus dem Schlangentotem in den Himmelsdrachen zunebst Familiengewimmel. Es heißt, daß Nu Wa, die Formerin des Menschen aus Lehm und Urmutter aller Chinesenmenschen, wie eine Schlange mit Frauenkopf aussah.

Geduldige Beobachtung des Familienlebens der Drachen durch frühe chinesische Experten führte zu der Erkenntnis, daß der Drache stets neun Söhne habe, wovon in einer klassischen Darstellung der jüngste in statu nascendi erscheint.

Unmittelbar nach seiner Geburt entwickelte dieser die Eigentümlichkeit, niemanden in sein Nest zu lassen, weshalb sein Kopf, umgeben von acht Dracheneiern, bis heute als Schutzsymbol an ungezählten Palästen und Tempeln zu finden ist.

Wie des jüngsten Sohnes Kopf zeigt, wurde früh erkannt, daß die neun Söhne des Drachen niemals Drachen werden. Jeder der Brüder ist nach Art und Wesen von den anderen unterschieden, und erst recht nach Temperament. Ihren Eigenschaften gemäß zieren sie Musikinstrumente, Schwertgriffe, Dachreiter, Bronzeglocken, Sockel unter buddhistischen Statuen und unter Steinstelen, Gefängnistore und so fort. Daher kommt das chinesische Sprichwort: »Der Drache hat neun Söhne, aber keiner ist ein Drache.« Es bedeutet, daß Brüder von denselben Eltern oftmals untereinander nach Hoffnungen und Wesen höchst unterschiedlich sein können. Und wenn man sich (was ja bekanntlich vor allem in dieser unserer Republik besonders häufig vorkommt) von Herzen und neidlos über den Erfolg eines anderen freut, sagt der feinsinnige Chinese: »Der Karpfen sprang übers Drachentor!«, damit daran erinnernd, daß einstens der Gelbe Fluß (Huang He) zwischen den Provinzen Shanxi und Shaanxi durch das Drachentor gesperrt war, über das im Frühjahr Karpfen aus dem Unterlauf gegen die Strömung in den Oberlauf springen mußten, wenn sie dort der Fortpflanzung frönen wollten. Was die taktvollen Chinesen mit »Drache werden« umschrieben – die erfolgreichen Springer betreffend.

Daß es mit der Schlangenurahnschaft für Drachen einiges auf sich haben muß, zeigt sowohl die älteste bisher aufgefundene Drachenskulptur (aus Jade, ca. 26 cm lang, 1971 im Banner, d.h. Bezirk, Ongniud in der Inneren Mongolei entdeckt) wie auch ein Vergleich der ältesten Piktogramme und frühesten Ideogramme für das Wort long (Drache), die man von Einritzungen auf Schildkrötenpanzern und vom Schmuck uralter Bronzegefäße kennt.

II. Von den Völkern, ihren Eigenschaften, Eigenheiten, Riten, Sitten u. ä.

»Alle Kreter lügen«, sagt Epimenides, der Kreter.

»Meine Tochter fährt ein deutsches Auto, sehr zum Leidwesen meines Freundes, des Toyota-Chefs.«
 (Noboru Takeshita, japanischer Premierminister)

»Jade« heißt auf Maori u. a. auch: ahuahunga, auhunga, inanga, kahotea, kahurangi, kawakawa, raukaraka, tangiwai und totoweka.*

Eskimos lieben Seehundfleisch in Salzwasser gekocht.

---

* Auch hier gilt, was ich schon am Fuße der Seite 10 gesagt habe.

Die Tranchot-Karten entstanden, indem die französischen Pioniere Napoleons alle Kirchtürme soweit abtrugen, bis sie als Meßpunkte geeignet waren, weshalb ihnen die eiflische Landbevölkerung tiefen Haß entgegenbrachte und, nachdem der König von Preußen ihnen aus seiner Privatschatulle den Wiederaufbau ermöglichte, Preußen liebte.

Bis 500 vor Christus lassen sich in Eifel/Ardennen nur ethnisch nicht zuzuordnende Bevölkerungen feststellen.

Die Hunzas leben von Pfirsichen und gekeimtem Getreide und kennen keine Krankheiten.

1094 werden erstmals Gondeln in Venedig erwähnt.

Kein Franzose wohnt weiter als 500 km vom Meer entfernt.

Kanada hat die längste Küste von allen Staaten der Erde.

Flügel-Schmidt-Tangers ›Wörterbuch der Englischen und Deutschen Sprache für Hand- und Schulgebrauch. In zwei Bänden Braunschweig, Georg Westermann. 1897.‹ hat keinen Wert bei Besuchen von MacDonalds und ähnlichen Junk-Food-Shops.

Als 1694 in England Königin Maria II. starb, legten die Rechtsanwälte schwarze Trauerroben an – und tragen sie bis heute.

Ein französischer Henker wurde aus dem Dienst entlassen, nachdem er seine Amtsguillotine verpfändet hatte, um Trinkschulden zu bezahlen.

Die Impressionisten heißen so nach Monets Bild ›Impression, soleil levant‹.

Wenn den Pionieren im Wilden Westen ihre Läuse- und Flohbevölkerung in der Wäsche zu lebhaft wurde, legten sie sie auf Ameisenhügel, und wenn die Ameisen die Wäsche leergefressen hatten, mußte man sie nur noch aus ihr herausschütteln, um in lebloser Wäsche weiterreisen zu können.

Der letzte Mohikanisch-sprechende Indianer starb 1933.

Zwar zeigen Wildwestfilme meist Pferde als Gespanntiere vor Wagen, doch brauchte man in der Wirklichkeit viel häufiger die effektiveren Ochsen.

Die Selbstmordrate unter Medizinerinnen liegt um 60% über der anderer Frauen.

315 gab es in Rom 144 öffentliche Toiletten.

Damit Sklaven, die von den Römern wilden Tieren vorgeworfen wurden, diese nicht verletzen konnten, wurden ihnen zuerst die Zähne aus- und dann die Arme gebrochen.

Die Urbevölkerung der kanarischen Insel Gomera benutzte eine Pfeifsprache, um sich über weite Strecken zu verständigen.

Schwelt der November rauhreifgrau, stich, Bauer, ab die Wurzelsau.

Im Juni durch die Wälder streun und mit den Sammlerinnen klön, um in ihr Glockenspiel zu sehn.

Im August sorg Dich ums Erntebier, vorm Ausschank den Gehalt probier.

Im Januar früh Orion jagt, der Knecht erlegt im Heu die Magd.

Wenn im April der Kuckuck schreit und Adebar sein Nest bezieht, hol aus dem Fach die Samentüt.

Vielleicht ist das Wort Asien semitischen Ursprungs in der Bedeutung Sonnenaufgang.

Vielleicht ist das Wort Asien semitischen Ursprungs in der Bedeutung Land der Eselzüchter.

Kalkutta kommt nicht von frz. Qu'el cul tu as (etwa: Oh ob Deines rosigen Ärschgens!), sondern von hindi Kalikata (etwa: Die Stadt an dem Ort, an dem der kleine Zeh der Göttin Kali während des großen Gemetzels niederfiel).

Schamo ist chinesisch und heißt Die Sandwüste.

Gobi ist mongolisch und heißt Die Stein- und Schotterwüste.

Die wüsteste Wüste, die steingrußschotterwüste Takla Makan heißt nicht Tal ohne Wiederkehr (wie treffend das auch oft wäre), sondern kommt von Tekti Makan (Alte Hauptstadt), von denen sie in den Jahrtausenden so viele verschlungen hat.

Seoul ist koreanisch und heißt Die Hauptstadt.

Ramscheid ist eiflisch und heißt Rabenwald.

1970 veröffentlichte eine US-Seifenfirma in der saudiarabischen Presse eine Anzeige, mit der für ein neues Seifenpulver geworben werden sollte. Links sah man einen Haufen schmutzige Wäsche, in der Mitte einen Waschbottich von Seifenschaum überkrönt, rechts einen Haufen strahlend weiße Wäsche. Da Araber von rechts nach links lesen, hatte die Anzeige keinen Erfolg.

Für Astronauten wurden Spezialrasierapparate entwickelt, die die abgeschnittenen Haare einsaugen.

Ein Australier haßte es, daß Katzen in seinen Garten kamen. Also baute er aus einer Sardinenbüchse mit elektrischem Anschluß eine Falle. Als er versehentlich hineintrat, starb er.

1877 wurde in Belgien eine Gesellschaft zur Steigerung der moralischen und geistigen Eigenschaften der Hauskatze gegründet.

1978 wurde ein japanischer Bandenführer zu Tode gehackt. Seine Mörder fanden zur Beseitigung seiner Fingerspitzen folgendes Rezept: Sie kochten aus seinen Händen eine Suppe, die sie dann gemeinsam verspeisten.

Während der Französischen Revolution wurden die Häute guillotinierter Aristokraten zu Leder verarbeitet; das erste Exemplar der neuen Verfassung wurde – liberté, égalité, fraternité – in eine solche Haut gebunden.

1956 überquerten zum letzten Mal mehr Passagiere den Atlantik zu Schiff als per Flugzeug.

1876 starb der letzte reinrassige Tasmanier.

1965 wurde in Peking erstmals eine Oper über das Leben der kleinsten chinesischen Minderheit aufgeführt: der Olunchun in der Inneren Mongolei.

Im finnischen Lappeenranta beschlossen die Stadtväter, die bisherige »Saufboldgasse« in »Weg der Guten Laune« umzutaufen.

Der Weltrekord im Krabbenverschlingen steht seit 1965 bei 29 Pfund und 350 Gramm.

In Japan wurde Karate erst 1916 bekannt.

Jordanien weist die niedrigste Selbstmordrate auf Erden auf.

Rom importierte aus der Eifel/Ardennen-Landschaft u. a. Honig, blondes Frauenhaar, Sklavinnen, Jungadler für Jupitertempel und als Legionsmaskottchen sowie den delikaten angepökelten, mild geräucherten und luftgetrockneten Schinken von Schweinen auf Eichel- und Buchekkernmast – also keineswegs des geschmacklosen armseligen EG-Schweines!

1965 erschien in Eriwan/Armenien erstmals eine vollständige Danteübersetzung ins Armenische.

Bereits Herodot berichtet von Reisen griechischer Kaufleute bis an die Ufer des Gelben Meeres.

Die biblischen Völker »Gog und Magog« sind nicht die Ahnvölker der Mongolen.

Die Jesuiten fanden nach 1550 heraus, daß die alten Namen »Cathay« und »Cina« dasselbe Land meinten.

Die antiken Griechen charakterisierten einen ungebildeten Menschen mit dem Satz: »Er kann weder schwimmen noch lesen.«

Von der Angst insbesondere der Bewohner des alten Ahrgaues vor den Türken künden die »Türkenmadonnen«. Die besterhaltene hängt in der Kirche von Kirchsahr: die Madonna steht auf dem Halbmond, die von ihr ausgehenden Strahlen münden in die Kugeln eines Rosenkranzes, in der Rechten hält sie emporgezückt das Schwert, auf der Linken sitzt ihr der Jesusknabe, der mit seiner Linken den abgeschlagenen Kopf eines Türken an der Skalplocke hält.

1988 wurde nach 446 Jahren ausschließlich männlicher Studentenschaft mit Penelope Bell die erste Studentin zum Studium am Magdalene-College zu Cambridge zugelassen.

Am 19. 11. 1988 hielt der ›Verein zur Förderung des Ansehens der Blut- und Leberwürste‹ (VBL) im »Central« in Affoltern am Albis/Schweiz eine Feier zu seinem 20jährigen Bestehen ab.

Für das Begradigen ihrer Nasen, das Straffen ihrer Bäuche, das Liften ihrer Brüste oder Pobacken geben ca. 100000 Bewohner der Bundesrepublik Deutschland über 170 Mill. DM pro Jahr aus.

Das längste moderne, in Gebrauch befindliche Wort stammt aus Schweden. Es lautet Spårvangsaktiebolagsskensmutsskjutarefackföreningspersonalbeklädnadsmagasinsförrådsfövaltaren und bedeutet Trambahnaktiengesellschaftsschienenreinigergewerkschaftsbekleidungsmagazinverwalter.

Der längste europäische Ortsname kommt in Wales vor und lautet (58 Buchstaben): Llanfairpwllgwyngyllgogerychwyrndrobwllllantysiliogogogoch (Marienkirche in einer Mulde weißer Haseln in der Nähe eines schnellen Wirbels und in der Gegend der Thysiliokirche, die bei einer roten Höhle liegt).

1913 veröffentlichte die ›New York World‹ das erste Kreuzworträtsel.

Laut Domesday Book lebten im 11. Jahrhundert in Britannien über 28 000 Sklaven.

In der frühen christlichen Kunst stellt der Pfauenhahn das Symbol der Wiederauferstehung dar.

Eine normale Spinne hat bis zu 600 Seidendrüsen, aus denen sie ihre Netze webt.

Die Italiener verschlossen ihre Weinflaschen mit Olivenöl, ehe sie auf den Trichter mit dem Korken kamen.

1933 prägte die britische Königliche Münze lediglich vier Penny-Stücke.

Schottlands wichtigstes Exportgut nach Saudiarabien ist Sand.

Rußland hat den höchsten Parfum-Verbrauch auf Erden.

Österreich begann als Ostmark Bayerns.

Im Eskimoischen gibt es rund 20 Wörter, die verschiedene Arten von Schnee und seiner Nutzung beschreiben.

Gebackene Bohnen wurden ursprünglich mit Sirup und nicht mit Ketchup serviert.

Die Bulgaren schütteln den Kopf, wenn sie Ja meinen.

In Indien werden pro Jahr mehr Filme produziert als in jedem anderen Land.

In Island führt das Telefonbuch die Teilnehmer nach ihren Vornamen auf. Familiennamen gibt es nicht.

Im US-amerikanischen Bürgerkrieg setzte man Maden an, um die faulenden Wundränder durch Abfressen zu säubern.

Chinesische Kaiser nutzten Riesenmuscheln als Badewannen.

Britische Truppen fochten zuletzt im Aschanti-Krieg in scharlachroten Röcken.

»Mens sana in corpore sano« hieß in der ungekürzten Originalfassung: Wenn man aber die Götter um etwas anflehen wolle, dann solle man um »mens sana in corpore sano« bitten.

Playas heißen im Spanisch der Südwest-USA die salzigen Überreste längst verdunsteter Seen.

Bajadas heißen im Spanisch der Südwest-USA staubige Geröllfelder zwischen den kahlen Gebirgskämmen der Sierras.

Mesas heißen im Spanisch der Südwest-USA die von der Erosion geschaffenen Tafelberge.

Arroyos heißen im Spanisch der Südwest-USA die wasserlosen Flußläufe, die auf Arabisch Wadis heißen.

Croissants stammen ursprünglich nicht aus Frankreich, sondern aus Österreich.

Fiaker waren ursprünglich Leichenwagen, die unter dem Patronat des Hl. Fiaker standen.

Ped-X-ing in den USA ist keine andere Schreibweise für Peking, sondern bedeutet Fußgängerübergang.

US-Präsident Lincoln hatte einen Sekretär namens Kennedy, US-Präsident Kennedy hatte einen Sekretär namens Lincoln.

Tennis wurde im 11. Jahrhundert in französischen Klöstern erfunden.

Eiskrem wurde 1620 erfunden.

Die Römer erfanden das Türkische Bad.

Das Symphonieorchester von Monaco hat mehr Mitglieder als die Armee.

Für die Kreuzfahrer des Mittelalters bestand eines der schwierigsten Probleme darin, die Leichen Gefallener nach Hause zurückzubringen. Deshalb führten die Einheiten große Kochkessel mit sich, in denen die Toten so lange gekocht wurden, bis nurmehr die Knochen übrig blieben, die viel leichter und einfacher zu transportieren waren.

Im 19. Jahrhundert gab es unter Frauen die Mode, sich die Brustwarzen durchbohren zu lassen, um dort Ringe tragen zu können.

Seit 1900 war jeder gewählte US-Präsident größer als sein nichtgewählter Gegenkandidat.

König James I. von England schrieb nach der Einführung des Tabaks in England durch Sir Walter Raleigh das erste Buch über die gesundheitlichen und gesellschaftlichen Schädlichkeiten des Rauchens.

40% aller Schweden haben Familiennamen, die auf -son enden.

In den USA leben mehr Juden als in Israel.

In Birmingham gibt es mehr Kanalkilometer als in Venedig.

US-Bürger geben für Haustierfutter pro Jahr das Vierfache dessen aus, was sie für Babynahrung ausgeben.

Kleopatra war mit Sicherheit keine Ägypterin, sondern vermutlich eine Mazedonierin.

Ein Auto, das näher kommt, klingt schriller als eines, das wegfährt.

In den Spielsälen in Las Vegas gibt es keine Uhren.

Im November 1923, auf dem Gipfel der Inflation in Deutschland, war 1 US-Dollar 4 000 000 000 000 Mark wert (4 Billionen).

La Paz in Bolivien liegt so hoch, daß in der dünnen Luft Feuer kaum genug Sauerstoff findet, um zu brennen.

Sir Thomas Beecham fragte einmal: »Warum haben wir bloß soviele drittklassige ausländische Dirigenten in England, wenn wir doch so viele zweitrangige eigene haben?«

Die Matami in Westafrika pflegen Fußball mit einem Menschenschädel zu spielen.

Das chinesische Zeichen für 10000 (Wan) geht auf die Zeichnung des Skorpions zurück.

Da die Zahl 10000 die Zahl des Himmelsherrn in China ist, hat der Kaiserpalast in Peking nur 9999½ Zimmer.

Die Bewohner Islands lesen pro Kopf mehr Bücher je Jahr als irgendein anderes Volk auf Erden.

Im Hochmittelalter kam in Europa im Durchschnitt auf zwei Menschen eine Kirche.

Im 18. Jahrhundert trugen feine Leute falsche Augenbrauen aus Mäusefell.

Bei der Amsterdamer Polizei gibt es eine Spezialabteilung zur Rettung von Autofahrern aus Kanälen.

Die erste Bibelausgabe in der Sprache der Eskimos wurde 1744 in Kopenhagen gedruckt.

Rote Garden war der Name der Eliteeinheiten der von Trotzkij gegründeten Roten Armee.

Der Schwarze Rabe ist die russische Grüne Minna.

Gulasch heißt Suppe: dick und sämig und aller festen Bestandteile bar; Fleisch in Würfeln heißt Pörkölt.

Böhmische Brüder waren eine 1457 gegründete tschechische bzw. böhmische protestantische Reformkirche in der Nachfolge des utraquistischen Flügels der Hussiten.

Das Prager Stalindenkmal, der »schöne Pepi«, wurde 1955 errichtet und 1962 wieder abgerissen; sein Schöpfer beging anschließend Selbstmord; es wog 17000 t und zeigte hinter Stalin acht Nebenfiguren: die Werktätigen und ihre Soldaten; das unter der Skulptur aus rotem Granit angelegte Stalinmuseum dient heute als städtischer Kartoffelkeller.

Karl der Große war ein fränkischer König und Kaiser des römischen Reiches, dessen Auftrag an Alkuin, eine Grammatik der deutschen Sprache zu verfassen, bis heute nicht erfüllt wurde.

Gottfried Wilhelm Leibniz war ein bedeutender deutscher Universalgelehrter, dessen wichtigste Anregungen bis heute nicht veröffentlicht, geschweige denn ausgeschöpft sind.

Das Werk der tschechischen Schriftstellerin Božena Němcová hat Franz Kafkas Roman ›Das Schloß‹ bedeutend angeregt.

In den Anden wird die Dauer des Rauchens einer Zigarette oft als Zeitmaß genommen.

In den USA wurde ein Seil gedreht, das rund 8000 Pfund wiegt.

Catgut wird nicht von Katzen gewonnen, sondern aus den Därmen von Schafen.

Chop Suey ist kein chinesisches Gericht, sondern wurde von chinesischen Einwanderern in Kalifornien erfunden.

Über John Glenn, den US-Astronauten, der den ersten bemannten Orbitalflug der USA unternahm, schüttete man anschließend in den Straßen New Yorks 3474 Tonnen Konfetti aus.

Der englische Ausdruck »loo« für Toilette kommt vom französischen Ausruf »Gardez l'eau!«, mit dem man das Ausgießen des Nachttopfes aus dem Fenster in die Straße zu begleiten hatte.

Eine durchschnittliche englische Familie verbraucht pro Jahr 3,6 km Toilettenpapier.

In Tokio gibt es ein Restaurant für Hunde.

Den »Slowakischen Aufstand« trugen nicht die Kommunisten, sondern nationalbewußte slowakische Offiziere, weshalb ihn Stalin durch seine Agenten zu einem für das Projekt fatal frühen Zeitpunkt auslösen ließ.

Zu Beginn des 19. Jahrhunderts atmete man auf Parties Lachgas, um »high« zu werden.

Die Schweizer verzehren weltweit pro Kopf der Bevölkerung den meisten Käse.

Im 16. Jahrhundert galt es als unanständig, im Bett ein Nachtgewand zu tragen.

Der Brauch alter Seeleute, einen goldenen Ohrring zu tragen, entstand aus dem Wunsch, beim Tode auf jeden Fall genügend Geld bei sich zu haben, um eine anständige Beisetzung zu erhalten.

Das JoJo ist ursprünglich eine philippinische Jagdwaffe.

Der Kinderreim »Ringlein Ringlein Rose« spielt tatsächlich auf die Pestepidemien des 14. Jahrhunderts an, denen ca. 30 Millionen Europäer zum Opfer fielen.

Ukrainische altgläubige Fischer aus der Gegend von Odessa flohen, als Peter der Große auch sie durch seinen Barterlaß zum Abschneiden ihrer Bärte als Zeichen der Modernisierung zwingen wollte, nachdem sie Netze und Weiber und Kinder in ihre Boote gestapelt hatten, übers Schwarze Meer in die Sümpfe des Donaudeltas, wo ihre Nachkommen noch heute leben – die Lipovani.

Ukrainische Kosaken, die sich gegen Katharina die Große empört hatten, flüchteten in die Schilfsümpfe des Donaudeltas, wo ihre Nachkommen noch heute leben – die Lipovani.

Die Nachkommen der Fischer sprechen ebenso wie die der Kosaken ein altertümliches Ukrainisch: aber die Fischer sprechen nicht mit den Kosaken, da diese Vaterlandsverräter sind, die Kosaken nicht mit den Fischern, da diese Fischfresser sind.

In Sibirien kauft man seine Milch normalerweise gefroren am Stil.

(Los) Alamo(s) heißt auf spanisch Die Pappel(n).

Alcatraz heißt so nach der Isla de Alcatraces, spanisch für Insel der Pelikane.

Algerien heißt Die Inseln.

Anguilla heißt Die Aalartige.

Argentinien heißt Das Silberland.

Asien heißt gegen Sonnenaufgang.

Ein Athens gibt es in 15 US-Staaten, Arcadia in 12, Corinth in 7, Delphi in 3, Herculaneum in Missouri, Karnak in Illinois, Macedonia in 4 Staaten, Marathon in 5, Memphis in 7, Rome in 12, Sparta in 9, Syrac se in 7, Thebes in Illinois, Troy in 23, Crete in 3 Staaten der USA.

Australien heißt Das Südland.

Bangkok (Stadt der Gärten) heißt amtlich Krung Theb, was die Kurzform für den eigentlichen Namen ist, der 168 Buchstaben zählt.

Barbados heißt Die Bärtige (Feige).

Barbuda heißt auch Die Bärtige.

Der Beer Creek in California heißt so nach dem Getränk Bier, also wie der Spirit Lake, der Whiskey Creek, der Tea Creek, der Applesauce Creek und der Sauerkraut Gulch im gleichen Bundesstaat gastronomischer Herkunft.

Bhutan bedeutet in der tibetischen Landessprache Landesende und wird offiziell Druk-Yul, Drachenreich, genannt, weil jene tibetischen Mönche, die das Reich gründeten, das Donnern der Gebirgsgewitter für das Dröhnen der Drachenstimmen nahmen.

Bulgarien heißt Land der Vulgären.

Burkina Faso heißt Land der Ehrbaren.

In Chicago leben mehr Polen als in Warschau.

Comanchen waren die einzigen Schoschonen, die auf die Prärien gingen und »vom Bison lebten«, weshalb man sie auf Schoschonisch kumantsi (die Abgesonderten, die Unterschiedlichen) nannte.

Fär Öer heißt Die Schafsinseln.

Fort Ross (Fort der Russen) war 1812 bis 1842 Verwaltungszentrum der russischen Tätigkeiten in California (noch heute führt von dort die Moscow Road von der Küstenstraße A 101 ins Landesinnere).

Grönland heißt Grünes Land.

Guatemala heißt Reich an Holz.

Guinea heißt Land der Schwarzen.

Guyana heißt Land des Wassers.

Haiti heißt Der Berg.

Hangtown heißt so, weil der alte Name Placerville durch den Spitznamen überlagert wurde, den diese kalifornische Siedlung sich 1849 durch ein Massenhängen von Straßenräubern verdient hatte.

Hollywood heißt so nach dem irischen Dorf H. im County Dourn.

Honduras heißt Land der Tiefen.

Hongkong heißt Duftender Sund.

Humbug River oder Mountain heißen in California manche Flüsse und Berge, weil sie die Hoffnung von Goldsuchern nach Wasser oder Gold enttäuschten.

Island heißt Eisland.

Jamaika heißt Quelleninsel.

Kanada heißt Die Hütten.

Karate heißt leere Hand.

Die Kaschuben heißen so, weil sich ihr Stamm erstmals auf dem Balkan im Bereich des Volkes der Kassopaioi konsolidierte und, als er nach Norden abwanderte, diesen Namen mitnahm.

Klamath in California heißt so nach den Tlamatl, wie die Chinook einen Stamm des Modoc-Volkes nannten, die sich selbst Maklak (das Volk) nannten.

Die Komoren sind Die Mondinseln.

Korea heißt Land der Morgenstille.

Krakau heißt so, weil seine Begründer aus dem Balkan zuwanderten, wo sie zuletzt auf Korkyra gelebt hatten.

Die Krawatte heißt so nach den Kroaten.

Kung fu heißt Freizeit.

Der Lauterwasser Creek in California heißt nicht so wegen seines immer noch bemerkenswert klaren Wassers, sondern nach dem deutschen Metzger F. P. Lauterwasser, der sich – aus San Francisco zuziehend – als einer der ersten im Orinda-Distrikt ansiedelte.

Macao heißt Schöner Ort.

Malawi heißt Flammendes Wasser.

Malta heißt Der Hafen.

Mojave, der Name der Wüste in California, ist eine spanische Namensform des Yuma-Stammes der Mohave, die 1775 als jamajabes beschrieben werden; sicher bedeutet der Wortteil -avi oder -habi im Mohave Berg.

Napa, der Name des reichen Weinlandes in California, war ursprünglich die Bezeichnung der weiten Ebene durch die dort wohnenden Indianer; napa bedeutet im südlichen Patwin Grizzly-Bär, im nördlichen Patwin bedeutet napo soviel wie Haus, im Suisun heißt es der Mutter nahe, dem Heim nahe, Heimatland.

In New York leben mehr Iren als in Dublin.

Paraguay heißt Papageienfluß.

Pasadena heißt so nach einem Chippewa-Wort pa sa de na (das Tal), vom Wort passa-an (ich spalte etwas) abgeleitet.

Die Polen heißen so, weil sich ihr Stamm erstmals auf dem Balkan bei Appolonia konsolidierte und, als er nach Norden abwanderte, den Herkunftsnamen mitnahm.

Der Pudding Creek nördlich von Fort Bragg in California hieß Ortslegenden zufolge ursprünglich Noyo Creek und wurde von den Seeleuten in »Put in Creek« umgetauft, da seine Mündung weit und breit den einzigen sicheren Ankerplatz bot.

Zu Füßen des Humbug Mountain am Pudding Creek liegt eine der disneyhaften Veranstaltungen der USA: in buntem Beton in natürlicher Größe nachgeahmte Saurier aus der Zeit zwischen 250 Mill. Jahre und 60 Mill. Jahre vor unserer Zeit.

Sahara heißt auf Arabisch Wüste.

Die Schweiz heißt so nach Häuptling Suidgo.

Seneca ist hergeleitet vom Algonquin assini (der Stein) und ka (das Volk), also das Stein-Volk, woraus nach und nach Aussprache und Schreibweise des Namens wie die des römischen Stoikers wurden.

Die Slawen heißen so nach dem Wort für Wort, slow, also »Wer unserer Sprache ist«.

Weil Slawen ursprünglich die stärksten Kontingente auf den Sklavenmärkten stellten, nannte man die zu Verkaufenden nach ihnen eben »Sklaven«.

Spanien heißt wörtlich Klippschlieferland.

Tahoe, der als der schönste Bergsee Californias gilt, heißt so nach einem Washo-Wort tha-ve (Schnee, gefrorenes Wasser), tah-oo (Wasserfläche, See), tah-oo-ee (viel Wasser).

Tuvalu heißt 8 Inseln – doch sind es 9.

Uruguay heißt Fluß des bunten Vogels.

Die USA sind nicht die Vereinigten Staaten von Amerika, sondern nur eine Art Bundesrepublik in der nördlichen Hälfte Amerikas.

Vanuatu heißt Das Land, das sich aus dem Meer erhebt.

Vietnam heißt Süd-Reich.

Die Wolhynier wie die Insel Wollin heißen so, weil ihre slawischen Besiedler sich erstmals auf dem Balkan bei der südillyrischen Hafenstadt Aulona als Stamm konsolidierten und bei der Abwanderung nach Norden wie nach Nordosten den Namen mitnahmen: Aulona – Valona – (albanisch) Vlone – Wollin.

Der herrliche Yosemite-Naturpark in California heißt so nach einem Wort aus der Sprache der Indianer am Stanislaus-Fluß (wohl Miwok), dem Wort u-zu'-mai-ti (ausgewachsener Grizzly).

You Bet in Nevada heißt so, weil 1857 in Diskussionen, wie die neue Siedlung heißen solle, Lazarus Beard, der Ortskneipier, freien Whisky ausschenkte, bis ein Name feststehe; als einer der beiden anwesenden anderen Bürger des Orts spöttisch vorschlug, den Lieblingsausspruch des Kneipiers »You bet« (»Wetten, daß ...«) zu nehmen in der Hoffnung, Beard werde ablehnen und die Diskussion mit Frei-Whisky weitergehen, nahm Beard an.

Zum guten Schluß.

Wenn man jedoch solcherlei Elementarteilchen des Wissens kaleidoskopisch schüttelt, können ebenso hübsche wie unartige Geschichten daraus entstehen, wie zum Beispiel hier:

Einiges zur Geschichte der slawischen Landnahme aus den Tiefen des Balkans, woher mehrenteils auch ihre Völkernamen und die der Städte, Flüsse und Dynasten stammen.

Das Kiewer Reich, »Rus« genannt, hat der russischen Geschichtsforschung immer wieder Rätsel aufgegeben. Die Frage nach der Herkunft des Namens und den mit der Staatsgründung zusammenhängenden politischen Vorgängen spaltete Forschung und Geschichtsschreibung in zwei Lager, da hiermit auch grundsätzliche politische Haltungen verbunden waren. Der Streit wird im wesentlichen zwischen den »Normannisten« und den »Autochthonisten« ausgetragen, deren gegensätzliche Positionen darin bestehen, daß die Normannisten als Gründer der ersten Rus skandinavische Waräger sehen, denen damit entsprechend starke Beeinflussungen des ersten »russischen« Staatsgebildes im Sinne einer Zugehörigkeit zu (West-)Europa zu verdanken wären, während die Autochthonisten davon ausgehen, der erste »russische« Staat sei eine ausschließlich slawische Eigenschöpfung mit entsprechend anderer Akzentuierung gewesen.

Ein Hauptargument der Normannisten ist, daß in der Nestor-Chronik berichtet wird: da sich unter den Russen Streit erhob, sandten sie »übers Meer« und baten Waräger, zu ihnen zu kommen, den Streit zu schlichten und ihre Fürsten zu werden. Dieses »übers Meer« wird im allgemeinen als »über die Ostsee« interpretiert, woraus zu folgern wäre, daß man sich die warägischen Fürstenkandidaten und Begründer der »Rurikiden«-Herrschaft als aus Schweden herbeigerufen zu denken hätte. Nun macht der Münchner Slawist Professor Dr. Heinrich Kunstmann darauf aufmerksam, daß noch bis ins 17./18. Jahrhundert der Ilmensee »Russkoje Morje« genannt wurde (= »Russisches Meer«). Wie also, wenn die Nestor-Stelle so zu verstehen wäre, daß die streitenden Russen »über den Ilmensee« sandten, an dessen Südufer sie saßen, zu den wegen ihrer Organisationskunst bekannten warägischen Fernkaufleuten, die sich am Nordufer ihr Handelsemporion für ihre Handelsunternehmen in den

Wolga-Raum, zum Schwarzen Meer und nach Byzanz eingerichtet hatten?

Das wichtigste Argument der Normannisten aber ist die Etymologie des Namens »Rus«. Er wird im allgemeinen von einem westfinnischen (?) »Ruotsi« abgeleitet, das ein ostschwedisches Wort für »Ruderer« wiedergeben soll und mit dem eben ostschwedische Waräger bezeichnet worden seien. Die kaum mehr überschaubare philologische Diskussion läßt sich hier nicht wiederholen, nur so viel: bis heute ist keine wirklich zufriedenstellende Etymologie auf dieser Basis gelungen. Daher folgte man besser Professor Kunstmann, der überaus überzeugende neue Deutungen slawischer Volks- und Landschaftsnamen vorgelegt hat. Demnach sind die meisten dieser Namen einschließlich ungezählter Flußnamen »Mitbringsel«, also Zuwanderungsnamen. Namen, die die Slawen aus ihrer früheren Heimat bei ihrer Einwanderung in ihre Habitate nach dem Jahre 800 mitbrachten.

Sie wurden aus ihren noch nicht eindeutig identifizierbaren »Ursitzen« (vielleicht am Nordostrand des Schwarzen Meeres?) um 500 durch den Awarensturm mitgerissen und als noch namenlose Splittergruppen in die thrakischen, griechischen, »lateinischen«, illyrischen Räume des Balkan gespült, wo sie sich zu Kleingruppen konsolidierten, die sich nach ihren Wohnsitzen im Balkan nannten und diese Namen mitnahmen (oder nach ihrer Ankunft in den neuen Wohnsitzen aufnahmen), nachdem Byzanz sie nach 800 weitgehend aus den balkanischen Räumen vertrieben hatte.

Ein solcher Herkunftsname ist auch der der »Rus«. Er bildete sich aus »Ragusa« über »Rausa« zu »Russa«, bezeichnete also eine aus dem Raum bei Ragusa eingewanderte Gruppe, und gab dem ältesten in »Rußland« nachweisbaren Siedlungsgebiet von Slawen seinen Namen: der »Staraja Russa« (= »Alt-Russa«) am Südufer des Ilmensees, in welchem Bereich sich überhaupt verblüffend viele Platz- und Wassernamen mit »Russa« gebildet finden. Diesem »Alt-Russa« gegenüber entwickelte sich am Nordufer des Ilmensees später der warägische Fernhandelspunkt »Neustadt« (Nowgorod).

Von den Westslawen, ihren Reichen und Kulturen zwischen Elbe und Oder (davon nur mehr als ein spärlicher Rest Sorben übrig sind) wissen wir viel, inzwischen auch die Bedeutung ihrer Namen, die den zweiten Teil ihrer Wanderungen deutlich machen:

Die Abodriten nannten sich, oder wurden genannt, nach dem griechischen apator (vaterlos, verwaist).

Arkona kommt vom griechischen arkon, also etwa Sitz des Herrschers.

Die Daleminzen hießen so, weil sie aus Dalmatien kamen.

Die Doxani (am Fluß Dosse) heißen so nach dem illyrischen Wort daxi (Wasser).

Die Drevani (in Rußland Djerevljani, in Illyrien Dervani; erhalten in den Ortsnamen Drawehn, Drawein u. ä.) wanderten aus dem Gebiet um den süddalmatinischen Ort Derva (Eichenort) zu.

Fehmarn nannten seine slawischen Besiedler so nach der griechischen Insel Imbros, woher sie kamen.

Die Havel heißt so nach dem griechischen aulos (Röhre, Kanal).

Jerichow ist kein Name einer alttestamentlichen Stadt, sondern an der Mittelelbe der Name eines Patenkinds der neu-epirotischen Stadt Orikon.

Die sonderbaren Kaschuben heißen so, weil sie aus dem Gebiet der griechischen Kassopäer zuwanderten.

Kolberg heißt so nach dem griechischen Kalobriä (Schön-Stätt, z. B. auch Kalabrien).

Küstrin heißt so nach dem griechischen kastron, der Festung auf der Nordspitze der Insel Skiathos.

Die Lesane oder Lieizizi sind die Leute aus Lissos.

Die Lipani hingegen sind nicht die Lindenleute (à la Leipzig), sondern die aus dem Gebiet um die balkanische Stadt Ulpiana Zugewanderten.

Mecklenburg ist die Eindeutschung des griechischen Akropolis: die Große Burg, Mi(h)kil-Burg.

Serben/Sorben waren servi, Untertanen (Ost-)Roms.

Die Serimunte kamen aus dem Gebiet um Sirmium.

Die Peene heißt so nach den aus dem Gebiet der Paiones Zugewanderten.

Die Redarier waren (griechisch) hoi rhetoroi, die Sprecher (ihres Volkes).

Stettin heißt so, weil die slawischen Gründer der Stadt von der griechischen Insel Skiathos kamen.

Zerbst entstand aus Cieruisti, einer Serbensiedlung.

Die Zirzipanen schließlich heißen so, weil sie aus dem ostmakedonischen Gebiet der Ziriopaiones zuwanderten, der Paiones im Bereich der Stadt Siris (heute Serrä).

Und wenn es auch noch lange nicht in unseren Schulbüchern stehen wird (obwohl sogar das Museum in Gottorp den schleswig-holsteinischen Anteil dieser Geschichte ausführlich dokumentiert), so entstand das erste Westslawenreich unter Samo doch am Mittelmain, hielt lange gegen den Merowingerkönig Dagobert stand und hinterließ mehr als nur schwache literarische Spuren bei Fredegar. Längst läßt sich die Geschichte der Stammesstaaten und Staatenbünde der Westslawen zwischen Elbe und Oder einschließlich ausreichender Beschreibungen ihrer materiellen und geistigen Kultur umfangreich darstellen und belegen. Wie weit aber ihre Spuren in die nachfolgende deutsche Geschichte reichen, von Städtenamen wie Jüterbog (Morgengott) abgesehen, ist ein noch kaum angeschnittenes und weites Feld, auf dem aber, bewirtschaftete man es nüchtern, reiche Ernte zu holen wäre.

Diese Befunde gelten natürlich nicht nur für die »Slawische Besatzungs-Zone« DDR, in der sich bis heute u. a. die slawische Minderheit der Sorben befindet; nicht nur für jenes merkwürdige Land Schleswig-Holstein, dessen reiche slawische Hinterlassenschaft vor allem in Schloß Gottorp so vorzüglich dokumentiert ist; sondern ebenso auch für Mainfranken: wo sich das »Reich Samos« bisher zwar nur sprachwissenschaftlich eindeutig nachweisen läßt, wo aber jüngste Grabungen im historischen Kern Bambergs reiche materielle Auskünfte versprechen – wenn sie eines Tages abgeschlossen werden können. (Gerüchte, daß ihr Abbruch von oben angeordnet worden sei, als am Grabungshorizont deutliche Signale auftauchten, es habe sich möglicherweise der älteste Babenberger sein erstes Gebäude in den Ruinen der Herrschaftsburg älterer slawischer Vorgänger errichtet, müssen entschieden als verleumderisch zurückgewiesen werden: nur Geldmangel war, wie die zuständigen bayerischen Behörden bestätigen, Grund des Grabungsabbruchs).

Aus all dem läßt sich grob folgende Skizze entwerfen:

1. Ursprünglich saßen Slawen und Balten als anonyme Sippen und Gruppen am Ostrand der germanischen Räume nördlich des Schwarzen Meeres, nach Osten hin bis wohl an die Kaspische See heran: ihr antiker Name »Anten« läßt sich am einfachsten auf das iranische Wort »antai« (Volk an der Grenze) zurückführen.

2. Um Christi Geburt gab es in den Gebieten, in denen heute Slawen und Balten leben, keine Slawen und Balten.

3. Diese »Idylle« wurde vermutlich durch die Hunnen gestört, deren Einbruch nach Europa um 375 nach Christus zunächst das Ostgotenreich Ermenriks zerstörte und gleichzeitig wohl auch die slawischen und baltischen Gruppen in Bewegung brachte: damals dürften die ersten in Richtung Nordwesten abgewandert sein.

4. Endgültiges taten die Awaren ihnen an, als sie vor allem slawische Gruppen um 500 in den griechisch-thrakisch-illyrischen Balkan mitrissen, und andere und wohl vor allem die Balten nach Nordwesten abdrängten (erste slawische Herrschaftsbildungen sind am Südwesteck der Ostsee spätestens um 590 nachweisbar).

5. Auf dem Balkan konsolidierten sich vor allem die Slawen zu größeren Gruppen, die erst durch die große »Polizeiaktion« Byzanz' um 800 weitgehend vertrieben wurden und nach Norden (Böhmen, Mittel- und Norddeutschland) sowie Nordosten (Polen und Rußland) abwanderten: aus dem vor allem griechischen, aber auch thrakischen und lateinisch-illyrischen Balkan nahmen sie entsprechende Herkunftsnamen mit.

6. Daneben aber auch Kenntnisse und Begriffe für Materielles: so läßt sich fast die gesamte Burgen-Terminologie ohne Schwierigkeiten als slawisierte oder lehnsübersetzte griechische Terminologie etymologisieren, die aus dem Slawischen nicht etymologisiert werden kann. Das »Griechische« im Slawischen stammt also nicht, wie bisher meist angenommen, aus der Missionszeit der Slawen-

apostel Kyrill und Method, sondern aus den früheren drei Jahrhunderten Konsolidierung auf dem Balkan. Um 800 dürften die Slawen höchstens 50000 Köpfe gezählt haben, die Balten vielleicht 5000.

7. Dieses Bild der slawischen »Wanderungen« und Landnahmen läßt sich nun ebensowenig mit dem traditionellen Konzept dieser Vorgänge gleich welcher Schule vereinbaren, wie mit den traditionellen Vorstellungen von den germanischen »Wanderungen« und Landnahmen. Die nicht mehr zu umgehende Revision des Bildes von der slawischen Frühgeschichte trägt so zusätzliche Argumente für eine ebenfalls fällige Revision des Bildes von der germanischen Frühgeschichte bei.

Hoffentlich können beide Revisionen endlich einmal ohne nationalistische und ideologische Vorbehalte, sine ira also, dafür aber mit kühlem Fleiß und sorgsamer Argumentation durchgeführt werden. Auch das möchte zu jenen Entspannungen beitragen, die heute vor allen Gorbatschow ernsthaft anzustreben scheint.

III. Geschichte, wie sie wirklich war

»An ihren Früchten sollt Ihr sie erkennen!«
(Matth. 7,16)

»Das Gericht der Geschichte rufen vornehmlich jene an, die Angst davor haben, sich dem Gericht der Generation ihrer Kinder zu stellen.«
(Hugo Schrath)

Das ›Guinness Book of Records‹ hat einen eigenen Rekord aufgestellt: von allen Büchern in öffentlichen Bibliotheken wird es am häufigsten gestohlen.

Ein koreanisches Wunderkind namens Kim konnte mit fünf Jahren bereits vier Sprachen sprechen und Aufgaben der höheren Mathematik lösen.

Aschenbrödel trug in der Originalfassung Pantoffeln aus Fell. Aufgrund eines Übersetzungsfehlers wurden daraus in den englischen Cinderella-Geschichten Glasschuhe.

1908 wurde die erste öffentliche Telefonzelle aufgestellt, in Nottingham.

Mao Zedong und Zhou Enlai boten im Januar 1945 (damals noch als Mao Tse-tung und Chou En-lai) den USA an, in geheimer Mission nach Washington zu kommen, um über eine Kooperation mit den USA zu verhandeln; China brauche einen kraftvollen Verbündeten zu seinem wirtschaftlichen Wiederaufbau und ziehe die USA der UdSSR vor. Das Angebot wurde von Eitelkeit und gegnerischen Interessen unterschlagen und spielte so auf der Konferenz zu Jalta, da dem Präsidenten Roosevelt unbekannt, keine Rolle: die Folgen sind bekannt.

Die Atombomben auf Hiroshima und Nagasaki fielen aufgrund eines Übersetzungsfehlers: Der japanische Kaiser hatte der bedingungslosen Kapitulation bereits zugestimmt, aber in kaiserlichem Hofjapanisch, das die US-Übersetzer nicht beherrschten, so daß sie seine Zustimmung nicht verstanden.*

Im Krieg gegen Japan verwendeten die US-Streitkräfte auch im offenen Funksprechverkehr einen Code, den Japans Spezialisten nicht knacken konnten: Sie ließen Navajo-Soldaten die Meldungen in Navajo sprechen.

Deutschlands Westen aß nach dem Zweiten Weltkrieg so viel Mais, weil deutsche Übersetzer auf die Frage, was man dringendst brauche, »Korn« sagten (Getreide oder speziell Roggen), die US-Amerikaner es aber als corn (Mais) verstanden.

Jesuiten brachten die ersten Truthähne nach Frankreich, weshalb in manchen französischen Dialekten Truthähne bis heute jésuits heißen.

1891 wurden die ersten Fußballtore mit Netzbespannung aufgestellt, in Nottingham.

---

* Auch hier gilt, was ich schon am Fuße der Seite 10 gesagt habe.

1740 wurde in Frankreich eine Kuh der Zauberei für schuldig befunden und gehenkt.

Das Jahr 11 vor Christus war das letzte mit einem 30. Februar.

1922 starb der letzte bekannte Sängerkastrat.

Der Zigarettenanzünder wurde vor den Streichhölzern erfunden.

Weizenschrot wurde ursprünglich für Magenkranke entwickelt.

Im Schriftfranzösischen gibt es Akzente erst seit Ludwig XIII.

1749 entwickelte ein Portugiese die erste Zeichensprache für Taubstumme.

Kleenex-Tücher wurden im Ersten Weltkrieg als Filter für Gasmasken entwickelt.

Die Gewohnheit, Toastbrotscheiben belegt zu verspeisen, stammt aus der Zeit, als dicke Brotscheiben als Tellerersatz dienten.

Bis 1942 machte man in Großbritannien die höchste Tapferkeitsauszeichnung, das Victoria Cross, aus dem Metall jener Kanonen, die man 1855 vor Sewastopol auf der Krim erobert hatte.

1571 fand vor Lepanto die letzte Seeschlacht mit geruderten Schiffen statt.

Der Name »Tank« für Panzer entstand dadurch, daß die Briten im Ersten Weltkrieg ihre Panzer aus Geheimhaltungsgründen in Packkisten nach Frankreich schickten, die die Aufschrift (Wasser-)»Tanks« trugen.

Die Gillette-Klinge wurde in den ersten zwei Jahren nach Erteilung des Patents nur in 168 Stück verkauft, im 3. Jahr waren es 12,4 Millionen Stück.

Die Schlacht von Hastings wurde nicht zu Hastings, sondern am Senlac Hill geschlagen.

Der Schraubenzieher wurde vor der Schraube erfunden.

Der Mensch blinzelt normalerweise 25 000mal pro Tag.

Schreibmaschinen wurden ursprünglich als Hilfe für Blinde entwickelt.

1896 waren Großbritannien und Sansibar für 38 Minuten im Krieg.

Zu Anfang des Postwesens hatten die Empfänger das Porto zu bezahlen.

Goethes Faust I wurde 1867 das erste Paperback-Buch der Geschichte.

Im 19. Jahrhundert verlor die Türkei 13 Kriege und gewann einen Feldzug.

Chinas Provinzeinteilung geht auf die mongolische Herrschaft zurück.

1644 übernahmen die Mandschu die Herrschaft über China.

1757 gelang es den Mandschu-Kaisern nach drei schweren Feldzügen, die dsungarischen Reiche der Westmongolen zu vernichten; seither heißt deren altes Land Sinkiang (Neues Grenzland).

763 eroberten tibetische Truppen für ihren Großkönig die damalige Hauptstadt Chinas und setzten dort einen Schattenkaiser ein.

Das mandschurische Protektorat über Tibet dauerte von 1720 bis 1893.

1550 spielte man in Italien erstmals Billard.

Als die Europäer Nordamerika erreichten, lebten da nicht 1 Million frei schweifender Indianer, sondern mindestens 20 Millionen in dutzenden wohlorganisierter Staaten (deren Verfassung die Verfassung der USA partiell übernommen hat).

Durch Mord wurden nicht 1 Million, sondern 20 Millionen auf 100 000 reduziert (1900).

In den von den USA amtlich gezählten Indianerkriegen zwischen 1790 und 1891 verloren die Indianer über 400 000 Kämpfer, die US-Kavallerie 2282 Mann.

Rhabarber, in Südchina zu Hause, war – getrocknet, zu Pulver gemahlen, in Ziegel-förmige Pakete verpackt – im Hoch- und Spätmittelalter mit Gold aufgewogenes wichtigstes Exportgut nach Europa: als Medizin gegen die aus üblen Eß- und Kochgewohnheiten stammende Verstopfung.

Der fränkische Fernhandelskaufmann Samo schlug als Fürst der Westslawen am Main seine Schlacht gegen König Dagoberts Truppen vor der Wogastisburg: der Burg für Fernhändler, zu Burk bei Forchheim.

Samo ist kein Name, sondern ein Titel: »Ich selbst«. Dies bedeutete in jener Zeit einen regulus, einen Klein-König, aber auch Selbstherrscher von Gnaden der Volkswahl, wobei Volk die Wehrhaften bedeutet, die Messer und andere Schlachtinstrumente schwingenden sogenannten Männer.

Die Mongolen zerstörten das alte Bagdader Kalifat und bereiteten damit dem neuen Islam den Weg.

Die Mongolen zerstörten die alte Kiewer Rus und bereiteten damit dem neuen Kreml-Rußland den Weg.

In allen slawischen Sprachen heißt der Bär – etwa – Medvjed (der Honigfresser).

Falls nicht die Niflunge aus dem Zülpich-Gau die originalen Nibelungen waren, hat es Nibelungen in der Geschichte nie gegeben.

Stonehenge ist 1500 Jahre älter als das Colosseum.

U-Boote wurden Anfang des 17. Jahrhunderts erfunden.

Margarine kommt vom griechischen margarites (die Perle).

Erst 1949 erhielten Autos Zündschlüssel.

Der US-Luftwaffe gehörten zu Beginn des Ersten Weltkriegs 50 Mann an.

›Die Mausefalle‹ von Agatha Christie, Uraufführung 1952, läuft immer noch und hält damit einen einsamen Rekord in der Theatergeschichte.

610 hatte ein französischer Mönch beim Backen Teigstreifen übrig, aus denen er Kinderärmchen mit gefalteten Händen buk: die ersten Brezeln.

Die stärkste Festung der Christenheit, Glatz, konnte 1809 nicht einmal von Napoleons Soldaten genommen werden.

Normannen zogen 892 plündernd und zerstörend durch die Eifel.

Siedlungen an der Ahr werden erstmals genannt: Remagen 356, Kesseling 762, Oedingen 853, Dernau 893, Ahrweiler 893, Ramersbach 992, Gelsdorf 1095, Mayschoß 1106, Altenahr 1120, Rech 1140, Heimersheim 1143.

Der Name Eifel taucht ab 762 auf »in pago eflinse«, die sprachlich älteste Form ist 804 belegt »in pago aquilinse«, und das könnte heißen »im Adlergau«.

In den Acta Sancti Sanctorum von 1709 ist unterm 5. Juni (S. 25–30) nachzulesen, daß der Apostel Markus sein Evangelium in lingua franca (= in der Sprache der Franken) verfaßt habe. Schrieb er in Mayen?

Wenn bei Mayen die Roma Secunda war, hat Petrus sich einige Jahre bei Mayen aufgehalten.

Wenn Petrus sich bei Mayen aufgehalten hat, war Linus sein direkter Nachfolger in Rom am Tiber, und Clemens sein direkter Nachfolger in Rom bei Mayen, und der Tiber-Clemens der direkte Nachfolger des Linus.

Bonn trug jahrhundertelang den Übernamen Verona = Bern. Dietrich von Bern war nicht der Ostgote Theoderich aus Ravenna, sondern der Rheinfranke Didrik aus Bonn.

Die Ur-Hebräer waren Esel-züchtende Nomaden in Südarabien.

Die Patriarchen waren Karawanengroßherren, deren Ansehen, Macht und Reichtum auf ihren Eselskarawanen beruhten, den Fernhandelsvoraussetzungen vor dem Auftreten der Kamele.

Jahwe war ursprünglich der Esel-köpfige Gott der Eselzüchtenden ur-hebräischen Eselsnomaden.

Die Rolle des Esels im Neuen Testament, der Eselscruzifixus, die Eselsmesse führten und führen die althebräische Eselstradition im Christentum bei verschütteter Herkunft weiter.

»Amen« und »Hallelujah« sind bis zur Unkenntlichkeit verzerrte Echos ritualisierter Eselsschreie.

»Hebräer« und »Araber« entstammen derselben semitischen Wortwurzel wie das Wort für »Esel« selbst, in allen semitischen Sprachen.

In Boston/USA ereignete sich der klebrigste Unglücksfall der Geschichte, als ein Riesenbehälter mit Sirup platzte, 5 000 000 (5 Millionen) Liter Sirup sich in die Stadt ergossen und 21 Menschen töteten.

Generalmajor Friedrich Freiherr Kreß von Kressenstein kommandierte in seines Kaisers (Wilhelm II.) Namen 1917 das 5 000köpfige Expeditionskorps des Deutschen Heeres in Georgien, um das Land auf eigenen Wunsch nach der Loslösung vom revolutionären Rußland vor der Eroberung durch die Türken zu schützen.

Bristol hieß ursprünglich Bricgstowe, Bristou, Bristoll.

Papier wurde von einem chinesischen Eunuchen erfunden, der Druck mit beweglichen Lettern erstmals von einem koreanischen Mönch.

Chinesen erfanden das Differentialgetriebe bereits vor Christi Geburt.

Chinesen bauten 100 vor Christus die ersten Hängebrücken.

Chinesen erfanden 1027 einen Tachometer.

China und Wales haben den Drachen als Symbol.

Chinesen erfanden anno Domini 1120 Kartenspiele.

Das Sandwich wurde von den Römern erfunden, die es offula nannten.

In Schottland arbeitete eine Köpfungsmaschine bereits 1581, ebenfalls in Italien.

Erst im Sommer 1965 verließen die letzten 47 Kernkraftspezialisten Mao Zedongs das sowjetische Kernforschungszentrum Dubna bei Moskau und kehrten nach China zurück.

Die KSZE geht auf eine sowjetische Anregung von 1954 zurück, in einer gesamteuropäischen Konferenz den durch den Zweiten Weltkrieg entstandenen territorialen und politischen Besitzstand festzuschreiben.

In der einwöchigen Schlacht von El Alamein 1942 fielen weniger britische Soldaten als in der eintägigen Schlacht von Oudenaarde 1709.

Kaiser Franz Joseph I. zerstörte durch sein schwankendes Verhalten im Krim-Krieg die guten Beziehungen zu Rußland, verlor durch die Niederlage gegen Napoleon III. Italien, wurde durch die Niederlage gegen Preußen aus Deutschland herausgedrängt, was den Zwang zum Ausgleich mit Ungarn und damit die Schaffung der Doppelmonarchie hervorrief, ließ nach dem Versagen des deutschen Liberalismus seine Ministerpräsidenten mit den Slawen gegen die Deutschen in seinem Reich regieren, verlor seinen Sohn und Kronprinzen durch Selbstmord in Mayerling, seinen Bruder Maximilian durch ein Exekutionspeloton in Mexiko, seine Frau Elisabeth (»Sissi«) durch ein Attentat des italienischen Anarchisten Luccheni in der Schweiz, und seinen neuen Thronfolger durch das Attentat in Sarajewo; er wurde 86 Jahre alt.

Am Sonntag, dem 4. Februar 1962, veröffentlichte die Londoner ›Sunday Times‹ erstmals eine farbig gedruckte Sonntagsbeilage.

Charles Lutwige Dodgson (»Lewis Carroll«) schrieb während der letzten 37 Jahre seines Lebens 98 721 Briefe, oder etwa 7 pro Tag.

Der 100jährige Krieg währte 113 Jahre.

Die Große Oktoberrevolution Rußlands fand im November statt.

In der Bibel werden Katzen nicht erwähnt.

Die Jahreswerbekosten für Coca Cola reichen aus, um jeder Familie auf der Erde eine Flasche zu schenken.

Manche Eskimos benutzen Kühlschränke, um darin ihre Lebensmittel vor dem Einfrieren zu schützen.

Der englische Name für grobes Baumwollzeug, denim, kommt daher, daß die Ware ursprünglich aus der französischen Stadt Nîmes kam, »de Nîmes«.

In der Schlacht am Weißen Berg standen sich hussitisch-protestantische Adelige tschechischer wie deutscher Sprache einerseits und deutsche wie tschechische katholische Kaisertreue andererseits gegenüber; die Niederlage der Hussiten war eine Niederlage der Antireichspartei im Zeichen der konfessionellen Spaltung.

In der britischen Armee wurde die Lanze als offizielle Gefechtswaffe 1927 abgeschafft.

Als Albert Einstein starb, war nur eine Pflegerin bei ihm, die kein Deutsch verstand, weshalb seine letzten Worte für immer verloren gingen.

Frankreich verlor zwischen 1792 und 1815 genau soviele Menschen wie in beiden Weltkriegen zusammen: je 2 Millionen; im ersten Fall ca. 8% der Bevölkerung, im zweiten waren es ca. 5%. Die Kriege der Revolutionszeit forderten 400000 Menschenleben und die Kriege Napoleons 1000000 (Marengo 6000, Austerlitz 8000, Eylau 10000, Eßlingen 15000, Wagram 30000; die Kriege in Spanien 300000; der Rußlandfeldzug 200000, davon 10000 vor Moskau, 7000 der Übergang über die Beresina; der Krieg von 1813 rund 250000, z.B. Dresden 9000, Leipzig 60000; und Waterloo 26000). Die »Schreckensherrschaft« beförderte unter der Guillotine ca. 15 000 Franzosen zum Tode, auf sonstige Weise rund 37 000. Insgesamt fielen ihr ca. 52 000 Menschen zum Opfer (davon 7% Kleriker, 9% Adlige, 20% Kaufleute und Spekulanten, 28% Bauern und 31% Handwerker und Arbeiter); der in der Vendée angeordnete und durchgeführte Völkermord verschlang weitere 400 000, in anderen Gegenden des »Bruderkriegs« ca. 200 000 Leben.

Die Zerstörung der materiellen Hinterlassenschaft des Ancien Régime in Frankreich (Statuen und Bauten, Bilder und Möbel, Grabstätten und Mausoleen) begann 1789 und dauerte bis in die Zeit des Empire. Gemessen an ihrem Ausmaß sind die Verwüstungen durch Maos Rote Garden im China der Zeit der »Großen Proletarischen Kulturrevolution« dagegen harmloser Kinderscherz. Sédillot nennt den Vorgang »die wahre Massakrierung Frankreichs«.

Bewirtschaftetes Ackerland ging zwischen 1790 und 1821 von 33 Mill. Hektar auf 25,5 zurück; Wiesen und Weideland von 11,8 Mill. Hektar auf unter 8; Wald und Forst von 15,3 Hektar auf 9,6. Die Agrarproduktion hat um 1830 erst wieder den Stand erreicht, den sie um 1790 bereits hatte.

Während Frankreich vorwiegend ein Agrarstaat blieb, wandelte sich England insbesondere unter dem Druck der Politik Napoleons zum Industriestaat. Die französische Industrieproduktion war von 1788 bis 1800 auf 60% gesunken und erreichte erst 1809 wieder das Niveau von 1789. Hingegen stieg der englische Baumwolltextilienexport von einem Wert von 1 Million Pfund 1790 auf 13 Millionen Pfund 1815. Die Zahl der französischen Schiffe im Überseehandel fiel von über 2000 im Jahre 1789 auf 179 im Jahre 1812.

Durch das Assignatenunwesen wird der französische Bürger ausgeraubt: er erhält für 3000 Francs 1 zurück – und zieht es seither vor, einen Münzhort anzulegen statt in Staatspapieren zu investieren. Die Revolution, die in einem der reichsten Länder Europas losbrach (auch wenn ca. ⅔ der Bevölkerung wegen der Mißwirtschaft am Existenzminimum vegetierten), erwies sich im Zeichen der Egalité als Instrument zur Bereicherung der Reichen und zur Ausplünderung der Armen. Sie war – wirtschaftlich gesehen – eine Revolution zugunsten der Explosion des Kapitalismus, den zu kontrollieren es künftig keinerlei Instrumente mehr gab.

Politisch gesehen verdankt Lateinamerika seine Emanzipation zur Unabhängigkeit ebenso der Französischen Revolution, wie Deutschland und Italien ihr ihre Einheit als Staat verdanken, die USA verdanken ihr »Louisiana« und ihre nationale Identität, Belgien verdankt ihr seine nationale Identität und staatliche Unabhängigkeit, und Großbritannien vor allem Napoleons Kriegen seinen Aufstieg zur ersten Industriemacht. Frankreich verlor politisch und militärisch seine Stellung als unbestrittene Vormacht auf dem Kontinent und wurde auch wirtschaftlich zu einem Land dritten Ranges: und hat sich von alldem bis heute nicht erholen können.

Der bedeutende Staatsmann Mirabeau sagte vom bedeutenden Staatsmann Robespierre: »Der wird es weit bringen: der glaubt an das, was er sagt.« Mirabeau starb 1791 auf natürliche Weise an seinem ausschweifenden Lebenswandel im Bett; Robespierre starb 1794 auf natürliche Weise an seiner ausschweifenden revolutionären Tugend unter der Guillotine.

Konrad Adenauer sagte von Ludwig Erhard: »Der wird es zu nichts bringen: der glaubt ja, was er sagt.«

Marat, 1743 in der Enklave Neuchâtel geboren, war demgemäß preußischer Untertan, als ihn am 13. Juli 1793 Charlotte de Corday in der Badewanne erstach.

Am 20. IX. 1792 fand jene Kanonade bei Valmy statt, bei der die Soldaten der Revolution dem Söldnerheer des Herzogs von Braunschweig standhielten. Am 21. IX. 1792 wurde die Französische Republik ausgerufen. Herr Goethe hatte der Kanonade von Valmy als Schlachtenbummler beigewohnt und schrieb darüber am 27. IX. 1792 in einem Brief: »Es ist mir sehr lieb, daß ich das alles mit Augen gesehen habe und daß ich, wenn von dieser wichtigen Epoche die Rede ist, sagen kann: Et quorum pars minima fui« (deren ganz kleiner Teil ich gewesen bin). 30 Jahre danach schrieb Herr von Goethe in seiner ›Kampagne in Frankreich‹ hochstilisiert das gleiche ganz anders: er habe den Teilnehmern an der Kanonade zugerufen: hier und heute beginne eine neue Epoche der Menschheitsgeschichte »und ihr könnt sagen, ihr seid dabeigewesen.«

Im französischen Nationalarchiv werden unter dem Zeichen »A E VI Verschiedenes« alte Stadtschlüssel aufbewahrt: die der rheinischen Städte, die sich 1792 bis 1794 den französischen Revolutionstruppen ergeben mußten – die Schlüssel der einst gewaltigen Stadttore etwa von Mainz (14), Bingen, Mannheim, Trier, Aachen, Koblenz (2), Köln (9), Jülich und Rheinfelden (15).

Auf der Flucht vor den Truppen der Französischen Revolution geriet das Hausarchiv des uralten eiflischen Adelshauses Manderscheid-Blankenheim nach Böhmen: 60 000 Akten aus dem 12. bis zum 18. Jahrhundert, darunter 796 Pergamenturkunden, dieses Archivs konnten jetzt in Prag auf Mikrofilm aufgenommen und damit der Wissenschaft zurückgewonnen werden.

In England hielt man sich im 18. Jahrhundert in verbotenen Spielhäusern Angestellte, deren einzige Aufgabe es war, im Falle einer Polizeirazzia Beweismaterial zu verschlucken.

In Deutschland hielten sich zu Blütezeiten der Zensur Zeitungsredaktionen sogenannte »Sitzredakteure«, die nie schrieben, aber für inkriminierte Artikel die Verantwortung übernahmen und dann dafür eben saßen.

Ein US-Flugzeug schoß sich über Vietnam mit einer seiner eigenen Raketen ab.

Ein spanischer Düsenjäger schoß sich mit Munition aus seinen Bordkanonen selbst ab: Die Schüsse prallten gegen einen Berghang, wurden zurückgeworfen und erwischten die Maschine.

Weil die Merowinger den Ungarn Martin zum fränkischen Reichsheiligen erhoben, ist bis heute Martin der häufigste Vorname Frankreichs.

Weil die fränkischen Könige beim Mantel Martins, der capa, Staatsakte durchzuführen pflegten, wurde für ihn ein eigenes Haus gebaut: die capella, daraus unsere Kapelle, und der Kaplan ist ursprünglich der Mantelwächter.

Die Hilsneriade war keine Köpenickiade, sondern die 1899 stattgehabte tschechische Variante zur Affäre Dreyfuß, aus der Tomáš Garrigue Masaryk als Bekämpfer des Antisemitismus soviel Ansehen vor allem in den USA errang, daß er dort mit Unterstützung Washingtons 1918 durch das Pittsburger Abkommen zwischen tschechischen und slowakischen Exilanten die Basis für die I. Republik legen konnte.

Weil die alten irischen Mönche, als sie die Bibel abschrieben, der alten griechischen Seefahrtsterminologie nicht mächtig waren, glaubten sie, kamilos (Schiffstau, Ankertau) sei ein Schreibfehler und verbesserten ihn in kamelos (Kamel). Soviel zum Nadelöhr.

Um Metall zu sparen, wurden während des Zweiten Weltkriegs die »Oscars« aus Holz gefertigt.

Im alten China verübte man Selbstmord u. a., indem man ein Pfund Salz aß.

Das älteste bekannte Wasserklosett mit funktionierender Spülung ist über 4000 Jahre alt und in Knossos zu besichtigen.

Napoleon hatte pathologische Angst vor Katzen.

Bolivien erlebte während der ersten 100 Jahre Unabhängigkeit 200 Revolutionen.

Während der Wagenrennenszene in ›Ben Hur‹ kann der aufmerksame Beobachter im Hintergrund ein kleines rotes Auto vorüberhuschen sehen.

Mumien heißen Mumien, weil ihre Bandagen mit mum (Harz) gegen Feuchtigkeit imprägniert wurden.

Damaskus ist seit 2000 vor Christus ununterbrochen bewohnt.

Im US-amerikanischen Bürgerkrieg brauchte man Opium als schmerzstillendes Mittel mit dem Ergebnis, daß zu Kriegsende über 100 000 Soldaten opiumsüchtig geworden waren.

Die Mitglieder der Societas Jesu sind niemals offiziell Jesuiten genannt worden.

In Schweden fiel 1969 schwarzer Schnee.

Wer die USA durchquert, passiert sechs Zeitzonen; wer die UdSSR durchquert, deren sieben.

Da Jesus unter der Herrschaft des Herodes geboren wurde, Herodes aber 4 vor Christus starb, wurde Jesus spätestens 4 vor Christi Geburt geboren.

1969 verfaßte ein Franzose das Buch ›La Disparition‹, in dem der Buchstabe e nicht vorkommt, obwohl das e der häufigst verwendete Buchstabe im französischen Alphabet ist.

Die Große Cheopspyramide ist groß genug, um die Kathedralen von Florenz, London, Mailand und Rom in sich aufzunehmen.

Venezianische Frauen sahen es während der Renaissance als höchst unmodisch an, eine andere Haarfarbe als silberblond zu tragen.

Die Scilly-Inseln, die aus Cromwells Zeiten mit den Niederlanden bis 1986 im Kriegszustand befindlich waren und erst dann einen Friedensvertrag unterzeichneten, verkaufen jedes Jahr in London 60 Millionen Blumen.

Alabama heißt so nach den Alibamu, einem der Creek-Föderation angehörenden indianischen Volk, dessen Name aus dem Choctaw kommt und »Die Dickichtroder« bedeutet:
 1540 wird es von Hernando de Soto für Spanien »erforscht«, wobei nach seinen Angaben 2500 Indianer gemetzelt wurden; 1702 französisch, 1763 britisch, 1783 an die USA abgetreten, 1819 22. Bundesstaat.

Alaska heißt so nach dem aleutischen alaschka (Hauptland, Großes Land):
 1728 wird es von Vitus Bering »entdeckt« und für die russische Krone, speziell Zar Peter den Großen, beansprucht; 1867 von US-Präsident Andrew Johnson auf Empfehlung seines Außenministers William H. Seward für 7,2 Mill. Golddollar gekauft, 1959 49. Bundesstaat.

Arizona heißt so nach dem Pima-Wort arishunak (kleiner Quellen-Platz). Doch wurde gerade der namengebende Ort später Teil des Bundesstaates Sonora/Mexiko:
 1540 wird es von Francisco de Coronado für Spanien auf der Suche nach den 7 Goldstädten von Cibola »er-

forscht«, die Zahl der indianischen Todesopfer ist ungewiß; 1690 beginnt Spanien den Bau von Missionsstationen, 1821 wird es als Teil Mexikos von Spanien unabhängig, 1848 erobern die USA es gegen Ende des Kriegs mit Mexiko zum größten Teil, 1853 erwirbt Gadsen den Rest für die USA, 1912 48. Bundesstaat; das in ihm liegende Navajo-Reservat gilt als größter »Indianerstaat«.

In Arizona werden übrigens gegenwärtig im Rahmen eines Programms staatlicher Förderung der Landwirtschaft pro Jahr unter dem Namen Chaining mit ausdrücklicher Billigung der Regierung mehr indianische Kulturüberreste absichtlich bis zur Unerkennbarkeit zerstört, als die Archäologie in ganz Nordamerika bisher ausgegraben oder gar verarbeitet hat; so verschwinden die Indizien dafür, die Beweise gar, daß es Indianervölker mit hoch- und höchststehenden Kulturen und Zivilisationen vor der Ankunft des Weißen gab, und zwar mit weit über 20 Millionen Menschen, und nicht – wie die Rechtfertigungslegende der Weißen immer noch behauptet – »nur« etwa 1 Million kultur- und zivilisationsloser Nomaden.

Arkansas (als Staat *Ark*enso, als Fluß Ar*kan*sas – wie Kansas – ausgesprochen) heißt es nach dem Volk der Ugakhpa bzw. Quapaws, das die Algonkin Ukanasa aussprachen (das Volk flußabwärts):

1541/2 wird es von Hernando de Soto für Spanien auf seiner Goldjagd »erforscht«, die Zahl der indianischen Todesopfer ist ungewiß; 1682 von La Salle für Frankreich beansprucht, 1762 Abtretung an Spanien, 1800 Rückkehr zu Frankreich, 1803 im Rahmen des Louisiana-Landkaufs von den USA mitgekauft; die USA bezahlten für Louisiana 16 Mill. Golddollar und verdoppeln so ihr Territorium; 1836 25. Bundesstaat.

California heißt so nach dem utopischen Land California, in dem nach seinem Erfinder, dem spanischen Schriftsteller Garci Ordóñez de Montalvo, in der ca. 1500 erschienenen Erzählung ›Las Sergas de Esplandian‹ unter der sanften Herrschaft der dunkelhäutigen Königin Calafia östlich des Gartens Eden eine robuste und leidenschaftliche Frauenrasse mannlos wie die Amazonen lebte; vielleicht hat der Autor (berühmter durch seinen ›Amadis von Gallien‹) den Namen vom arabischen Kalif, Kalifat abgeleitet:

1542 wird es im Südteil von Juan Cabrillo für Spanien »erforscht«, 1579 im Nordteil durch Francis Drake für Englands Krone in Besitz genommen; 1769 Beginn spanischer Ansiedlung im Süden, 1812 Beginn russischer Aktivitäten in California, 1822 erklärt die Provinz California ihre Treue zu Mexiko und nicht zu Spanien, 1846 Proklamierung der »Bärenflaggenrepublik« – für 22 Tage – mit Tendenzen zum Anschluß an die USA, 1848 erwerben die USA nach den Goldfunden California von Mexiko durch den Friedensvertrag von Guadalupe Hidalgo; 1850 31. Bundesstaat.

Carolina heißt so nach 3 europäischen Monarchen zu 3 verschiedenen Zeiten: dem französischen König Karl IX. und den englischen Königen Karl I. und Karl II.:

Nach erfolglosen Siedlungsversuchen Spaniens und Frankreichs erfolgt 1663 erfolgreich die erste englische Ansiedlung; 1690 wird Carolina in 2 Verwaltungsbezirke (Nord und Süd) eingeteilt, 1712 werden beide eigenständige Kolonien, 1729 werden beide eigenständige Kronkolonien, 1776 erklären beide ihre Unabhängigkeit von England, 1788 wird Südcarolina 8., 1789 Nordcarolina 12. Bundesstaat, 1860 tritt Südcarolina als erster der sezessionistischen Staaten aus der Union aus, 1861 Nordcarolina als letzter.

Colorado heißt so nach dem Fluß, den die Spanier 1602 nach seiner Färbung Colorado, »der Rote«, nannten:

1803 kommt durch den Louisiana-Landkauf der Ostteil an die USA, 1845 durch die Annexion Texas' ein weiterer

Teil, 1848 durch die Landabtretungen Mexikos der Westteil; 1858 wird Gold entdeckt, 1861 das Territorium Colorado geschaffen, 1876 wird Colorado 38. Bundesstaat.

Connecticut hat seinen Namen vom gleichnamigen Strom, der auf Algonkisch KwEnihtEkot (der lange, wogende Fluß) hieß:
 1614 wird es von Adriaen Block für die Niederländische Westindien-Compagnie erforscht, 1637 Massakrierung der Pequot-Indianer; 1639 Beginn der Besiedlung durch Puritaner, die die erste geschriebene Verfassung Weißer in Nordamerika niederlegten, die ›Fundamental Orders of Connecticut‹; 1662 gewährt Karl II. durch königliche Charta ein ungewöhnliches Maß an Selbstverwaltung für eine Kolonie; 1788 5. Bundesstaat.

Dakota heißt so nach dem Sioux-Wort für »Freund, Verbündeter« (dies waren die hier lebenden Indianervölker den Sioux):
 1738 erforscht Pierre de La Vérendrye Norddakota für Frankreich beim Bemühen, einen Seeweg zum Pazifik zu finden, 1743 erforschen seine Söhne François und Louis-Joseph Süddakota; 1803 kommen beide Teile im Rahmen des Louisiana-Landkaufs an die USA, 1861 Gründung des Dakota-Territoriums durch den US-Congress, 1876 Niederlage Custers am Little Big Horn, 1889 werden Norddakota und Süddakota 39. und 40. Bundesstaat; 1890 Massaker an Indianern im Rahmen des Messiah-Kriegs zu Wounded Knee.

Delaware nannte 1610 Kapitän Samuel Argall das Land nach seinem Finanzier, Lord de la Warr, dem ersten Gouverneur von Virginia:
 1609 wird es von Henry Hudson erforscht, 1631 erste holländische Siedlungen, 1638 erste schwedische Siedlungen, 1664 Eroberung der niederländischen Kolonien durch die Briten, die sie New York nennen, 1762 tritt der Herzog von York die Delaware-Gemeinden an William Penn ab; 1787 1. Bundesstaat.

Florida heißt so, weil die Spanier es zu Ostern »entdeckten« und nach seinem Blumenreichtum »Flores de Pasqua« (Osterblumen) nannten:

1513 benennt Juan Ponce de Leon das Land so und beansprucht es für Spanien; 1763 erwirbt Großbritannien Ost- und Westflorida, 1783 kehren die Kolonien an Spanien zurück, 1821 erwerben die USA Florida; 1845 27. Bundesstaat.

Georgia heißt so nach dem englischen König Georg II., der 1732 die erste Charta gewährte:

1540 wird es durch Hernando de Soto für Spanien »erforscht«; 1732 Charta der Kolonie, der letzten der 13 englischen Kolonien; 1788 4. Bundesstaat.

1802 wird Sarah Porter Hillhouse als erste Frau Besitzerin und Herausgeberin einer Zeitung (›The Washington Gazette‹), 1819 wird die erste Missionsgesellschaft von Frauen für weibliche Missionsarbeit im Ausland gegründet, 1836 beschließt das Wesleyan College zu Macon als erste Hochschule der Welt das Recht von Studentinnen auf akademische Grade, 1866 erklärt Georgia als erster Staat den Grundsatz des Rechts verheirateter Frauen auf Eigentum, 1912 gründet Juliette Low die Girl Scouts of America, 1922 stellt Georgia die erste Senatorin der USA.

Hawaii ist Polynesisch und bedeutet – etwa – »Heimatland«:

Es wird um 750 besiedelt, 1778 von Captain Cook »entdeckt«, der die Inseln Sandwich-Inseln nannte. 1810 einigt König Kamehameha I. alle Inseln unter seiner Herrschaft und führt die erste bekannte »Abrüstung« der Weltgeschichte durch, indem er die Kriegskanus aller Inseln außer seiner eigenen zerstören läßt; 1820 Eintreffen von Missionaren aus Neuengland, 1893 Sturz der hawaiianischen Monarchie durch US-Bürger auf den Inseln, 1898 Annektierung durch die USA, 1941 Angriff Japans auf Pearl Harbor, der die USA in den II. Weltkrieg führt; 1959 50. Bundesstaat.

Idaho bedeutet »Salm-Volk« oder »Salm-Esser«, weil der Fluß so Salm-reich war, daß die an ihm lebenden Schoschonen von ihren Nachbarn diesen Namen erhielten:

1805 wird es von Lewis und Clark erforscht, 1860 wird Gold entdeckt, 1863 das Territorium Idaho geschaffen; 1890 43. Bundesstaat.

Illinois ist eine französische verderbte Form aus einem Algonkin-Wort »ileniwa« (in den einzelnen Sprachen auch ineniwa, iyiniw, ineeniw, inini) in der Bedeutung »Mann«:

1673 wird es von Marquette und Jolliet für Frankreich erforscht, das 1680 erste Ansiedlungen anlegt; 1763 tritt Frankreich Illinois nach seinen Niederlagen im Indianerkrieg an Großbritannien ab; 1818 21. Bundesstaat.

Indiana wurde 1800 von einer Landentwicklungsgesellschaft wegen der dort zahlreich lebenden Indianer so genannt:

1679 wird es durch La Salle erforscht und für Frankreich beansprucht; 1763 Abtretung an Großbritannien, was den Pontiac-Krieg auslöst, 1783 erwerben die USA das Gebiet gegen Ende der Revolutionskriege als Teil des Alten Nordwestens, 1794 Niedermetzelung der Indianer in der »Schlacht« bei Fallen Timbers; 1816 19. Bundesstaat.

Iowa entstand aus dem indianischen Wort Quaouiatonon, von den Franzosen zu Quaouian verkürzt, und bedeutet ursprünglich »Der andere in Schlaf versetzen kann«, der Name eines Indianervolkes, dessen Heiler für ihre hypnotischen Fähigkeiten berühmt waren:

1673 wird es von Marquette und Jolliet für Frankreich erforscht, 1762 Abtretung an Spanien, 1800 geheime Rückgabe an Frankreich, 1803 im Rahmen des Louisiana-Landkaufs von den USA erworben; 1820 Verbot der Sklaverei, 1838 Schaffung des Territoriums Iowa; 1846 29. Bundesstaat.

Kansas heißt so nach einem ehemals dort lebenden Indianervolk, den KaNze (Südwind, nämlich: »Volk, das im Süden« der namengebenden Nachbarn »lebt«):

1541 »erforscht« Francisco Vasquez de Coronado das Gebiet bei seiner erfolglosen Suche nach den 7 Goldstädten von Cibola; 1854 beginnt die Besiedelung unter dem Kansas-Nebraska Act, der den Einwohnern beider Gebiete die Entscheidung für oder gegen die Sklaverei freistellte; 1861 34. Bundesstaat.

Kentucky heißt so nach dem Irokesischen kentake (Ebene, Weideland):

1769 erreicht Daniel Boone das Gebiet, 1775 entstehen die ersten Siedlungen, 1792 trennt sich das Gebiet von Virginia und wird 15. Bundesstaat.

Louisiana wurde 1682 von Robert de la Salle zu Ehren seines Königs Louis XIV. von Frankreich so genannt:

1541 wird es von de Soto für Spanien »erforscht«; 1682 für Frankreich beansprucht, 1714 erste französische Ansiedlung, 1762 Abtretung an Spanien, 1800 Rückgabe an Frankreich, 1803 von Präsident Thomas Jefferson für 16 Mill. Golddollar gekauft; 1812 18. Bundesstaat.

Maine heißt so, weil die ersten Erforscher zwischen Inseln und Festland unterschieden und den Festlandteil »the maine« nannten:

1589/90 wird es von John und Sebastian Cabot für England erforscht, 1604 französische Ansiedlung; 1677 von Massachusetts aufgekauft, 1820 durch den sogenannten Missouri-Kompromiß 23. Bundesstaat.

Maryland wird auf Anregung von König Karl I. von England durch den Begründer der ersten Kolonie in diesem Gebiet, Lord Baltimore, zu Ehren der Königin Terra Mariae (Mariens Land) getauft:

1608 wird es durch John Smith für England erforscht, 1632 erste Charta Karls I.; 1649 verabschiedet der Landtag den Act Concerning Religion, der als erstes Verfassungsgesetz der abendländischen Welt 468 Jahre nach dem entsprechenden Gesetz Tschinggis Chans für die zentralasiatische Welt die Freiheit der Religion garantierte und prompt von der englischen Krone zurückgezogen wurde, 1788 7. Bundesstaat; 1791 Abtretung des Territoriums, das heute District of Columbia heißt und die Bundeshauptstadt Washington trägt.

Massachusetts heißt so nach dem Algonkin-Namen Mesatsu-s-et (Ort am Großen Hügel), einer Siedlung am Fuß der Great Blue Hills, wovon dann zunächst der dort wohnende Stamm und sodann das gesamte Territorium den Namen bezog:

Um 1000 erhält es Besuch von Leif Ericson und seinen Normannen; 1620 Landung der Mayflower mit 101 Siedlern an Bord, 1621 Feier des ersten Thanksgiving, 1635 erste Gymnasialschule – zu Boston, 1636 erste Universität – zu Harvard, 1639 erstes Postamt – zu Boston, 1644 erste kostenlose Volksschule, 1653 erste öffentliche Bücherei – zu Boston, 1773 Beginn der Unabhängigkeitsrevolution mit der Bostoner Tea-Party, 1775 erste Kämpfe der Revolutionskriege, zu Lexington und Concord, 1789 Erscheinen des ersten Romans (William Hill Brown, ›The Power of Sympathy‹), 1845 Bau der ersten Nähmaschine durch Elias Howe – zu Boston, 1875 Druck der ersten Weihnachtspostkarte – zu Boston, 1876 erste Vorführung des Telephons durch Alexander Graham Bell – zu Boston, 1891 erstes Basketball-Spiel zu Springfield, 1897 erstes U-Bahn-System – zu Boston, 1926 erster erfolgreicher Start einer Rakete mit Flüssigkeitsantrieb durch Dr. Robert Goddard – zu Auburn, 1928 Entwicklung des ersten arbeitsfähigen Computers durch Dr. Vannevar Bush im Massachusetts Institute of Technology (MIT); und: 1788 6. Bundesstaat.

Michigan heißt so nach dem Chippewa-Wort majiigan (die große Rodung), auf der ein Indianervolk lebte, das als erstes diesen Namen trug:

1634 Inbesitznahme durch Frankreich; 1763 Abtretung mit Canada und allen anderen französischen Territorien an den Großen Seen durch den Vertrag von Paris an Großbritannien, wodurch der Pontiac-Krieg ausgelöst wurde: da die Indianer unter dem Ottawa-Häuptling Pontiac sich geschlossen auf die französische Seite geschlagen hatten und diesen Krieg gegen die Briten nun fortsetzten, weil sie sich von der britischen Krone nichts Gutes erhoffen durften; 1794 Niedermetzelung der Indianer in der »Schlacht« bei Fallen Timbers, 1796 Abzug der britischen Truppen; 1837 26. Bundesstaat.

Minnesota heißt so nach dem Fluß, der wegen seiner Eintrübung durch mitgeschwemmtes Erdreich in Sioux mnischota (der Wolkige) hieß.

1669 Eintreffen der Franzosen; 1763 erwirbt Großbritannien das Gebiet, 1783 wird Ostminnesota an die USA abgetreten, 1803 erwerben die USA auch Westminnesota im Rahmen des Louisiana-Landkaufs; 1858 32. Bundesstaat.

Mississippi ist die französische Schreibweise für das Chippewa-Wort mici-zibi (Großer Strom):

1540/1 »erforscht« Hernando de Soto das Gebiet für Spanien, 1673 befahren Marquette und Jolliet den Strom, 1682 beansprucht Robert de la Salle das Gebiet für Frankreich, 1699 beginnen französische Siedlungen; 1763 besetzt Großbritannien es als Teil Westfloridas, 1783 tritt Großbritannien am Ende der Revolutionskriege Teile an die USA ab, 1795 anerkennt Spanien im Vertrag von Lorenzo die Souveränität der USA über die Region, 1798 wird Mississippi eigenes Territorium, 1817 20. Bundesstaat, nachdem 1814 Andrew Jackson die Indianer in der »Schlacht« am Horseshoe Bend niedergemacht und die Überlebenden vertrieben hatte.

Im Mississippi-Tal wuchs übrigens jene Sorte wilden Weines, dessen Stöcke, zunächst in California veredelt, als letzte Rettung der europäischen Weine eingesetzt wurden, als im 19. Jahrhundert fast alle Weinstöcke Europens einer Krankheit zum Opfer gefallen waren: die Mississippi-Stöcke erwiesen sich als resistent und wurden über California nach Europa verbracht, wo sie mittels verschiedener Verfahren, vor allem aber dem des Okulierens, zu gesunden Trägern der höherwertigen Weinsorten wurden, die sonst heute nicht mehr existierten.

Missouri hieß ein kleines Volk der Algonkin an der Mündung des Flusses; ihr genauer Name war ouemessourit in französischer Schreibweise (die Kanu-Habenden):
1682 beansprucht la Salle das Gebiet für Frankreich, 1735 erste französische Siedlung, 1762 Abtretung an Spanien, 1802 Rückgabe an Frankreich; 1803 erwerben es die USA im Rahmen des Louisiana-Landkaufs; 1821 24. Bundesstaat.
1861 tritt Missouri im Bürgerkrieg an die Seite der Union und stellt 109 000 Mann, aber 30 000 Freiwillige kämpfen in den Reihen der Konföderierten Süd-Staaten.

Montana (spanisch, Gebirgslandschaft) sollte ursprünglich jenes Gebiet bezeichnen, das dann den Namen Idaho erhielt:
1742 erforschen die Söhne de La Vérendrye das Gebiet, 1804 Lewis und Clark; 1850 beginnt der Goldrausch, 1864 wird Montana als Territorium aus Ost-Idaho gebildet, 1876 Niederlage Custers am Little Big Horn, 1877 ergibt sich Chief Joseph, der Oberhäuptling der Nez Percé, 1889 41. Bundesstaat.

Nebraska heißt so nach dem Sioux-Namen für den größten Fluß der Gegend, den niboabpka (breites, flaches Wasser), was die Franzosen als Rivière Platte, die Engländer als Platte River übernahmen:
1541 »erforscht« de Coronado auch dieses Gebiet, 1803 kommt es mit dem Louisiana-Landkauf an die USA; 1854 wird das Territorium durch den Kansas-Nebraska Act in zwei geteilt, 1862 wird Nebraska zur Besiedlung durch weiße Farmer freigegeben; 1867 37. Bundesstaat.

Nevada (spanisch, verschneit):
1826 erforscht Jedediah Smith, Fellhändler, das Gebiet, 1848 muß Mexiko durch den Friedensvertrag von Guadalupe Hidalgo auch dieses Gebiet an die USA abtreten; 1859 wird die reichste Silberader, die Comstock Lode, entdeckt, 1861 das Territorium Nevada geschaffen; 1864 36. Bundesstaat.

New Hampshire erhielt seinen Namen von John Mason, einem Engländer in der Grafschaft Hampshire, der 1629 das Gebiet als Eigentum zugesprochen erhielt:
1623 entstehen die ersten ständigen Ansiedlungen, 1641 Teil Massachusetts, 1679 eigenständige Kronkolonie; 1788 9. Bundesstaat.

New Jersey erhielt seinen Namen von Sir George Carteret, der auf der Insel Jersey geboren wurde, wo seine Familie bis heute residiert, und der von James Herzog von York, dem nachmaligen König James II., die erste Charta erhielt:
1524 erforscht Giovanni di Verrazano das Gebiet für Frankreich, 1609 besegelt Henry Hudson den späteren Hudson, 1660 entstehen die ersten niederländischen Ansiedlungen, 1664 erobern die Briten das Gebiet; 1776 überschreitet George Washington mit seinen Revolutionstruppen den Delaware, um die hessischen Truppen in englischen Diensten bei Trenton zu schlagen; 1787 3. Bundesstaat.

New Mexico wurde bereits 1591 Nueva Mejico genannt, da die Spanier sich hier ähnliche Goldreichtümer wie im eigentlichen Mexiko (benannt nach dem Volk der Mexika) erhofften, – vergeblich:
1540 »erforscht« de Coronado die Gegend, 1680 schlagen die vereinigten Pueblo-Indianer die Spanier und drängen sie nach Mexiko zurück, ab 1690 erobert Spanien das Gebiet erneut, 1821 wird Mexiko von Spanien unabhängig; 1848 muß Mexiko das Gebiet von New Mexico an die USA abtreten, 1886 gibt der berühmte Geronimo mit seinen Apachen den Widerstand auf; 1912 47. Bundesstaat.

New York wird nach der Eroberung des niederländischen Nieuw Amsterdam durch britische Truppen 1664 zu Ehren des Herzogs von York so neubenannt:

1524 erforscht Verrazano das Gebiet für Frankreich, 1609 beansprucht Henry Hudson es für die Niederlande, 1614 bauen die Niederländer Fort Nassau, wo heute die Stadt Albany befindlich, 1626 errichtet Peter Minuit für die Niederländer Manhattan; 1664 Eroberung durch die Briten; 1788 11. Bundesstaat.

1789 wird George Washington in New York, der ersten Bundeshauptstadt, als erster Präsident eingesetzt.

Ohio heißt so nach dem Irokesischen ohiiyo, was in Seneca soviel heißt wie »schön, herrlich«:

1669 erforscht Louis Jolliet das Gebiet, 1680 beansprucht la Salle es für Frankreich; 1754/63 sind die Französischen und die Indianerkriege, 1763/4 der Indianeraufstand unter Pontiac; 1794 Niedermachung der Indianer bei Fallen Timbers; 1803 17. Bundesstaat.

Oklahoma heißt so nach dem Choctaw okla-homa (rote Menschen):

1803 wird es im Rahmen des Louisiana-Landkaufs Teil der USA, 1830 werden die Indianer aus Oklahoma vertrieben, 1838 folgt der Vertreibungs-»Marsch der Tränen« des Cherokee-Volkes, dessen hohe Kultur und Zivilisation dadurch zerbrochen werden, 1889 Freigabe zur weißen Besiedlung; 1907 46. Bundesstaat.

Oregon kommt wohl vom französischen ouragan (Hurrikan, Wirbelsturm):

1792 entdeckt der Seekapitän Robert Gray für die USA die Mündung des Columbia, 1804/6 erforschen Meriwether Lewis und William Clark das Gebiet, 1834 beginnt die Besiedlung, 1843 treffen 1200 Einwanderer über den berühmt-berüchtigten Oregon-Trail ein, 1848 wird Oregon eigenes Territorium; 1859 33. Bundesstaat.

Pennsylvania heißt »das Waldland des (William) Penn«, des Quäkerführers, dem König Karl II. von England seine Charta 1681 gewährte; Penn war der einzige von allen europäischen Einwandererführern, der seine Verträge mit den Indianern wort- und geisttreu einhielt:

1609 besegelt Henry Hudson die Delaware Bay, 1638 entstehen die ersten schwedischen Ansiedlungen, 1655 erobert der Gouverneur von Nieuw Nederland, Peter Stuyvesant, die schwedischen Ansiedlungen für die Niederlande; 1664 besetzen die Briten die niederländischen Territorien, 1681 erhält Penn die Charta, 1771 tritt der Erste, 1775 der Zweite Congress zusammen, 1776 beschließt man die Unabhängigkeit, 1787 tritt der Verfassunggebende Konvent zusammen und orientiert sich in vielem an der Verfassung des Irokesenbundes; Pennsylvania wird 2. Bundesstaat und Philadelphia von 1790 bis 1800 zweite Bundeshauptstadt.

Rhode Island heißt so, weil Giovanni Verrazano sie als erster mit den Worten beschrieb: die Insel sei etwa so groß wie die griechische Insel Rhodos; hingegen behaupten andere Quellen, sie heiße so, weil der holländische Seekapitän Adriaen Block sie ihrer Färbung wegen »het roodt Eylandt« (die rote Insel) nannte:

1524 entdeckt Verrazano die Gegend, 1636 entsteht die erste Ansiedlung, in der 1638 der erste Quäkerkongreß stattfindet; 1663 gewährt Karl II. eine Charta, 1699 entsteht das älteste Versammlungshaus der Quäker, 1763 entsteht mit der Touro-Synagoge auch der älteste Synagogenbau; 1790 als letzter der ursprünglichen 13 Neuengland-Staaten und also 13. Bundesstaat.

Tennessee heißt so nach dem Cherokee-Wort tanasi, dem Namen zweier Indianerdörfer in der Gegend des nachmals ebenso benannten Flusses, die Bedeutung ist unbekannt:

1540 »erforscht« de Soto die Gegend für Spanien, 1673 befuhren Marquette und Jolliet den Mississippi, 1682 errichtet la Salle ein erstes Fort; 1769 entsteht durch Siedler aus Virginia die erste Ansiedlung; 1796 16. Bundesstaat.

Texas kommt vom Caddo-Wort teyscha (Freunde), welchen Namen die Spanier allen Stämmen der Caddo-Föderation gaben und also das Land »das Land der teyscha-Indianer« nannten:
1519 beansprucht Alonso de Pineda es für Spanien, 1541 erforscht es Vasquez de Coronado teilweise, 1682 entsteht als erste Ansiedlung El Paso, 1821 wird es mit Mexiko von Spanien unabhängig; 1835 revoltieren die Texaner gegen den mexikanischen Präsidenten Santa Ana, 1836 wird Texas unabhängiger Staat; 1845 28. Bundesstaat.

Utah heißt so nach den Ute-Indianern, deren Name auf Apache »höher oben« bedeutet, da sie höher oben im Gebirge lebten als alle anderen indianischen Völker:
1776 durchqueren Spanier das Land; 1847 gründen die Mormonen Salt Lake City, 1848 erhalten die USA das Gebiet von Mexiko, 1849 organisieren die Mormonen den »Staat Deseret«, 1850 bildet der US-Congress das Territorium Utah, 1896 45. Bundesstaat.

Vermont heißt so nach seinen grünen Bergen, in schlechtem Französisch »verts monts«, so 1609 von Samuel de Champlain notiert:
1609 erforscht Champlain die Gegend, 1724 entsteht die erste Siedlung, 1777 erklärt Vermont sich zur unabhängigen Republik; 1791 14. Bundesstaat, der erste nach den ursprünglichen 13.

Virginia heißt so zu Ehren der »jungfräulichen« Königin Elizabeth I. und umfaßte ursprünglich die Territorien Ohio, Illinois, Indiana, Michigan, Virginia, Wisconsin und Kentucky:
1584 wird Virginia von Elizabeth I. getauft, 1607 die erste englische Ansiedlung, 1624 Kronkolonie, 1776 wird Virginia unabhängig, 1788 10. Bundesstaat.
1861 Abfall von der Union, die Hauptstadt der Konföderierten wird von Montgomery in Alabama nach Richmond in Virginia verlegt.

Washington hieß ursprünglich New Georgia zu Ehren des englischen Königs Georg III., sodann Columbia, schließlich zu Ehren des ersten Präsidenten Washington:
   1775 entdeckt Bruno Heceta die Mündung des Columbia und beansprucht das Land für Spanien; 1792 »entdeckt« es der englische Seekapitän, der es New Georgia nannte, 1810 gründet Johann Jakob Astor die ersten Pelzstationen, 1811 entsteht die erste Ansiedlung, 1846 regelt der Oregon-Vertrag den Streit um das Land zwischen den USA und Großbritannien, 1853 entsteht das Territorium Washington; 1889 42. Bundesstaat.

Wisconsin heißt so nach dem Chippewa-Wort meskousing (wo sich die Wasser sammeln), womit das Gebiet deshalb bezeichnend bezeichnet war, weil die Eiszeiten dort tiefe Mulden ausgehoben haben, in denen sich die Wasser später zu Seen sammelten:
   1634 organisiert hier Jean Nicolet den Pelzhandel mit den Indianern, 1672 beansprucht es Frankreich; 1763 ergreift Großbritannien davon Besitz, 1783 tritt es Wisconsin an die USA ab, 1836 wird das Territorium Wisconsin geschaffen; 1848 30. Bundesstaat.

Wyoming heißt so nach dem Delaware-Ausdruck mecheweamiing (an den großen Ebenen):
   1807 erforscht John Colter die Gegend, ab 1840 treffen Siedler über den Oregon-Trail ein, 1868 wird das Territorium Wyoming geschaffen, das als Grenzland den Frauen besondere Rechte einräumte (1870 wurde hier die erste Frau Friedensrichterin, Esther Morris, die »Mutter des weiblichen Stimmrechts«); 1889 Frauenstimmrecht; 1890 44. Bundesstaat.
   1910 wird Mary Bellamy als erste Frau in den Landtag gewählt, 1911 wird Susan Wissler als erste Frau Bürgermeisterin, 1924 Nellie Ross als erste Frau Gouverneurin.

Zum guten Schluß.

Wenn man jedoch solcherlei Elementarteilchen des Wissens kaleidoskopisch schüttelt, können ebenso hübsche wie unartige Geschichten daraus entstehen, wie zum Beispiel hier:

Wie das mongolische Weltreich den Pestfloh nach Europa sandte und dazu beitrug, daß dort Renaissance und Moderne entstehen konnten

Latent gab es den Pesterreger seit undenklichen Zeiten im Bereich Nordburma/Yünnan, wo sich aber einerseits infolge der Immunisierung durch Durchseuchung, andererseits infolge Verhaltenstabus aus Erfahrung und drittens aus medizinstatistischen Gründen keine Epidemien entwickeln konnten.

Damit eine Infektionskrankheit dieser Art virulent werden kann, muß die Bevölkerung bei relativ dichtem Zusammenleben mindestens 7000 Infizierte aufweisen; da aber statistisch nur jedes 50. Individuum infektionsanfällig ist, wäre hierzu eine Mindestbevölkerung von ca. 350000 beieinander lebenden Individuen nötig. Andererseits: da der Infektionsüberträger, der Pestfloh, nur unter bestimmten Bedingungen und nur kurzfristig lebendig bleibt und mit ihm der »Pasteurella pestis«, verblieb die Seuche in jenem Gebiet, bis die Mongolen kamen, die aus Unkenntnis die Tabus brachen und dem Pesterreger durch ihre Expreßreiter erstmals die Möglichkeit boten, nächste Rattenpopulationen zu erreichen.

Die Mongolen kamen 1252, nach und nach wanderte der Pestfloh samt Erreger mit den schnellen mongolischen Pferden nach Norden, 1330 brach die Pest in China aus, 1338/39 in Zentralasien entlang der Karawanenwege am Issyk Kul, 1346 unter dem mongolischen Belagerungsheer auf der Krim vor Caffa, von wo sie über die Mittelmeerhäfen nach Europa hinein explodierte: Zwischen 1346 und 1350 raffte der Schwarze Tod ca. ⅓ der Bevölkerung dahin, weitere schwere Wellen tobten 1360 und 1370. Die sozialen, wirtschaftlichen und politischen Folgen waren eminent.

In Nordeuropa mutierte der Pestbazillus zum Tuberkulosebazillus, der seinerseits in den Befallenen eine Immunisierung hervorrief (sofern sie überlebten), die der Immunisierung gegen die Lepra ähnelt – und prompt ging die Lepra bis zum völligen Erlöschen zurück.

Das gesamte Wirtschaftsgefüge änderte sich: so konnte England nur noch als Schafzuchtgebiet bewirtschaftet werden, was zu Auseinandersetzungen mit Kastilien um dessen Wollexportmonopol in die flandrischen Textilgebiete mit dramatischen politischen Konsequenzen führte.

Der Blitztod binnen 24 Stunden demonstrierte die Hilflosigkeit menschlichen Tuns, diskreditierte so (scheinbar) die auf Thomas von Aquino aufbauende Handlungstheologie und -ethik und eröffnete im Erlebnis des Schwarzen Todes den Weg zu unmittelbaren persönlichen mystischen Erfahrungen, zu »Gesprächen mit Gott« gegen den Widerstand aller Amtskirchen (man erinnere sich an die entsprechenden Erlebnisse der Jeanne d'Arc, an das Auftreten von Flagellanten, Veitstänzern und anderen mystischen Sekten usw.).

Das förderte den Prozeß der Individualisierung aus dem Kollektiv heraus, die Entwicklung des abendländischen Gedankens vom autonomen Individuum, das seinen Eigenwert ohne Rücksicht auf seine Stellung und Funktion innerhalb der Gemeinschaft hat (Basis letztlich auch der heutigen »demokratischen« Grundwerte).

Der Glaube an die Richtigkeit der Autoritätsforderung der Amtskirche schwand, und parallel zur Individualisierung öffneten sich die Pforten zum Antiklerikalismus.

Da die Träger der Amtsgewalt in den Städten anders als die der kirchlichen Gewalt schnell reagieren mußten, ging die Amtsinitiative auf sie über. Die Zeit zwischen 1350 und 1550 war die Goldene Zeit der Städte, vor allem in Deutschland und Italien um 1500 mit dem Höhepunkt jenes urban-säkularen Glanzlebens, das als Renaissance bekannt wurde.

Sicherlich wäre die Pest später und auf anderen Wegen auch aus ihrem Urhabitat ausgebrochen (wie die neuerliche Weltinfizierung 1855 in der Folge des chinesischen Einmarschs nach Yünnan und mit Hilfe des schnellen

Transportmittels Rattenpopulation an Bord moderner Dampfschiffe zeigt); aber eben zu jener Zeit und an jene Orte und damit in jene Gegebenheiten mit jenen Folgen kam sie als unmittelbare Konsequenz der mongolischen Welteroberung.

Natürlich war die Pest nicht allein Grund für das Aufblühen der Städte, die Individualisierung, den Antiklerikalismus, die Renaissance. Und doch: *so* hätte sich eben alles nicht abgespielt, wäre es dem Pesterreger nicht ermöglicht worden, mit Tschinggis Chans Reitern zugleich den eurasischen Kontinent zu erobern. Auch das ist ein elementarer Teil des ungeheuren und bis heute andauernden Einflusses, den die mongolische Explosion durch die Schaffung der eurasischen Schicksalsgemeinschaft generell, in ungezählten Einzelfaktoren regional speziell ausübt(e) oder doch wenigstens in Gang setzte.

IV. Auch Staaten haben ihre Affären

»Wenn man heute ruhig überlegend sich fragt, warum Europa 1914 in den Krieg ging, findet man keinen einzigen Grund vernünftiger Art und nicht einmal einen Anlaß. Es ging um keine Ideen, es ging kaum um die kleinen Grenzbezirke; ich weiß es nicht anders zu erklären als mit diesem Überschuß an Kraft, als tragische Folge jenes inneren Dynamismus, der sich in diesen 40 Jahren Frieden aufgehäuft hatte und sich gewaltsam entladen wollte.« (Stefan Zweig)

»Die B-52 war eine wirksame Kriegsmaschine. Sie tötete Haufen von Leuten.«(US-Abgeordneter Bill Young im Repräsentantenhaus)
»Die B-52 war eine wirksame Kriegsmaschine, die unglücklicherweise einen Haufen Leute tötete.« (revidierte Fassung im gedruckten Protokoll)

Amerika heißt (typisch!) nicht nach seinem offiziellen Entdecker Christoph Kolumbus, sondern nach seinem bedeutendsten und frühesten PR-Mann, dem florentinischen Seefahrer Amerigo Vespucci, der die neue Hemisphäre in einer Reihe von Sendschreiben an die bedeutendsten Mächte und Köpfe in Europa bekannt machte. Amerika umfaßt heute 36 selbständige Staaten: 2 in Nord-, 22 in Mittelamerika und der Karibik, 12 in Südamerika (und die Bundesstaaten USA umfassen 50 Einzelstaaten, Mexiko 32, Argentinien 24 und Brasilien 27). »Amerikanische« Präsidenten sind alle Präsidenten eines der 36 Staaten, der in Washington ist auch *ein* amerikanischer, aber nur *der* der USA (und keinesfalls »der« amerikanische Präsident, auch wenn er diesen Anspruch aus dem Programm des Staatsnamens ableiten mag); ähnlich gab es viele amerikanische Bürgerkriege, und keinesfalls nur *den* zwischen den Nord- und den Südstaaten der USA; alle Staaten der Hemisphäre haben Streitkräfte, die amerikanische Streitkräfte sind, und die der USA sind *auch* amerikanische, aber keinesfalls *die* amerikanischen; ähnlich sind alle Botschafter der 36 Staaten amerikanische Botschafter, auch die der USA, aber kein US-Botschafter ist *der* amerikanische Botschafter, wie das die Monroe-Doktrin möchte; usw., usf.

Über die spanische Frühgeschichte Californias unterrichten die zahlreichen Ortschaften mit Namen katholischer Heiliger: San Agustin, San Andreas, San Anselmo, San Antonio, San Ardo (heißt eigentlich San Bernardo, doch wurde der Name gekürzt, um Verwechslungen mit San Bernardino zu vermeiden, und so entstand der californische »Heilige« San Ardo), San Benancio (= Venantius), San Benito (= Benedikt), San Bernabe (= Barabas), San Bernardino, San Bernardo, San Bruno, San Buenaventura, San Carlos, San Carpoforo, San Cayetano, San Clemente, San Diego, San Dieguito, San Dimas (= Dismas), San Domingo, San Elijo (= Alexius), San Emigdio (= Emidius oder Emygdius), San Felipe, San Fernando, San Francisco, San Francisquito, San Gabriel, San Geronimo, San Gorgonio, San Gregorio, San Isidor, San Jacinto (= Hyacintus), San Joaquin, San Jose, San Juan, San Juan Bautista (= der Täufer), San Juan Capistrano, San Julian, San Justo, San Leandro, San Lorenzo, San Lucas, San Luis, San Luisito, San Luis Obispo, San Luis Rey,

San Marcos, San Marino, San Martin, San Mateo, San Miguel, San Miguelito, San Nicolas, San Onofre, San Pablo, San Pascual, San Pedro, San Quentin, San Rafaele, San Ramon, San Roque (= Rochus), San Simeon, Santa Ana, Santa Anita, Santa Barbara, Santa Catalina (= die Hl. Katharina von Alexandrien), Santa Catarina, Santa Clara, Santa Cruz, Santa Fe, Santa Gertrudis, Santa Lucia, Santa Manuela, Santa Margarita, Santa Maria, Santa Monica, Santa Paula, Santa Rita, Santa Rosa, Santa Susana, Santa Teresa, Santa Ynez, Santa Ysabel, Santiago (= der Hl. Jakob), San Timoteo, San Tomas Aquinas, San Vicente, San Ysidor – von Los Angeles ganz zu schweigen.

Im 15. Jahrhundert begannen chinesische Gelehrte mit der Arbeit an einer Enzyklopädie, die schließlich 22937 Bände umfaßte. Sie wurde in 2 Exemplaren aufgelegt. Kein Band hat überlebt.

Costa Rica hat keine Armee. Liechtenstein auch nicht. Auch Island nicht.*

Auf der dänischen Insel Mors findet sich unter dem Namen »Hamlets Grab« beim Fegge-Klit das Grab, das Hamlet seinem Vater König Fegge gab, nachdem dieser von Frau und Bruder erschlagen worden war.

Das Haus Aremberg erlosch 1298 und 1547 in der männlichen Linie, ward aber immer dank vorhandener einziger Erbtöchter fortgesetzt.

Johannes Robert Becher dichtete u. a. die Nationalhymne der DDR, die wegen ihrer Anspielungen auf die deutsche Einheit nicht mehr gesungen wird.

Beethoven hatte seine 3. Symphonie ursprünglich Napoleon gewidmet, zog aber die Widmung zurück, als er erfuhr, daß Napoleon sich zum Kaiser gemacht hatte.

---

* Auch hier gilt, was ich schon am Fuße der Seite 10 gesagt habe.

1943 ließ Joseph Goebbels den Propagandafilm ›Kolberg‹ drehen, an dem 187000 Menschen mitwirkten, u.a. von der Front abgezogene Truppeneinheiten. Den fertigen Film sahen weniger als 60000 Menschen.

Alle Wettiner heißen als Kennzeichnung der Familienzugehörigkeit »zu Sachsen«, weshalb der »König von Sachsen« unter seinen Titeln auch den eines »Herzogs zu Sachsen« trug.

50-Pfennig-Stücke haben eine durchschnittliche Lebenserwartung von 50 Jahren.

Karl der Kahle war der Großvater von Karl dem Einfältigen, und beide waren Könige Frankreichs.

Im Schloß von Versailles gab es keine Toiletten, man entleerte sich in die Gänge.

König Ludwig XIV., der Sonnenkönig, hat dreimal im Leben gebadet.

Ludwig XIV. bestand darauf, daß keiner seiner Höflinge in einem Stuhl mit Armlehnen sitze.

Napoleon ließ sich die 300 goldenen Bienen aus dem Grabe Chilperichs auf seinen mitternachtsblauen Krönungssamtmantel nähen, weil er sie für älter als die bourbonischen Lilien hielt; dabei stellen diese die Kriegsfackel der fränkischen Kriegskönige dar.

Das Bajonett hat seinen Namen von der französischen Stadt Bayonne.

König Richard Löwenherz verbrachte nur 5% seiner Regierungszeit in England, brachte aber das Land durch seine aberwitzigen Unternehmungen an den Rand des wirtschaftlichen Bankrotts.

König Johann ohne Land entsandte im Juli 1211 eine Geheimgesandtschaft unter seinem Privatsekretär Robert nach Sevilla zum Almohadenherrscher Mohammed an-Nassir und bot ihm gegen der englischen Krone Feinde eine Allianz an: Wenn man siege, wolle er mit seinem Volk zum Islam übertreten.

Da Maria, die Königin von Schottland, Mitglied des ersten, 1552 gegründeten Golfclubs war, dürfte sie auch die erste Golferin der Geschichte gewesen sein.

Als Shakespeare sein Stück ›Der Kaufmann von Venedig‹ um die Figur des Juden Shylock schrieb, waren die Juden aus England verbannt.

Tories waren ursprünglich eine Bande irischer Gesetzloser.

Die britische Königin braucht keine Einkommensteuer zu bezahlen und keine Briefmarken auf ihre Briefe zu kleben.

Eheringe des britischen Königshauses werden ausschließlich aus dem Gold geschmiedet, das in der Mine Golgau in Wales gefördert wird.

Jedes britische Postamt erhält einen Zuschuß zur Ernährung einer Katze, die amtlich als Mäusefänger zum Schutz von Postgut vorgesehen ist.

Am 9. Februar 1942 wurde in Großbritannien Seife rationiert.

In Wales gibt es doppelt so viele Schafe wie Menschen.

Sokrates sprach auf Lateinisch nicht »scio, ut nesciam«, das zu übersetzen wäre nicht etwa »ich weiß, daß ich nichts weiß«, sondern »ich weiß, daß ich nicht weiß«, oder positiv: »Ich weiß nicht, ob und was ich weiß«; vielmehr sprach er Griechisch.

Die Holländer nahmen am 4. November 1673 den Franzosen Ahrweiler manu militari weg, wie China in den 20er Jahren Uiguren und Mongolen Sinkiang und Innere Mongolei, 1959 den Tibetern Tibet, und die Familie Ceauşescu seit etwa 1975 den Rumänen Rumänien.

Irak produziert drei Viertel der Weltdattelernte.

Manche sehr orthodoxe Juden weigern sich, Hebräisch zu sprechen, da diese Sprache den Propheten vorbehalten sei.

Los Angeles steht an der Stelle, wo einst eine indianische Siedlung Wenot (»am großen Fluß«) befindlich war. 1769 kampierte hier am 2. August die spanische Portola-Expedition und nannte den Platz »Nuestra Senora de los Angeles de Porciuncula«, »Unsere Liebe Frau von den Engeln zu Portiuncula«, da man am 1. August den Tag dieser Muttergottes gefeiert hatte; dort sollte eine Stadt gebaut werden des Namens »Reina de los Angeles sobre el rio de la Porciuncula«, also »Königin der Engel über dem Fluß Portiuncula«, woraus später die Kurzform Los Angeles wurde, nachdem die Stadt 1781 als »Pueblo de los Angeles« gegründet und 1847 von den USA als »Ciudad de Los Angelos« erobert worden war.

1235 beschlossen die Mongolen die Eroberung Europas.

Der Staat New York weist die größte Anzahl von Ortschaften mit Namen aus der klassischen Antike auf, weil ein Landvermesser, der um 1900 bisher militärisch genutztes Gelände für die zivile Nutzung umzuwidmen hatte, ein Taschenlexikon klassischer antiker Namen besaß; die Ortschaften heißen: Argusville, Athens, Attica, Brutus, Camillus, Carthage, Cato, Cicero, Cincinnatus, Corfu, Corinth, Fabius, Hannibal, Homer, Ilion, Ionia, Ithaca, Lysander, Manlius, Marathon, Marcellus, Medusa, Minerva, Minoa, Ovid, Pharsalia, Philadelphia, Phoenix, Phoenicia, Pomona, Rome, Romulus, Scipio, Solon, Troy, Ulysses und Virgil.

1983 war Lagos/Nigeria die teuerste Stadt der Welt.

Österreich: 1965 untersuchten Fachleute den Verbleib von 100000 Büroklammern in Amtsstuben: nur 20000 wurden zweckentsprechend verwendet, 19413 als Spielmarkenersatz bei Kartenspielen, 15842 als Schreibmaschinentypenreiniger, 14163 beim Telefonieren verbogen, 13000 von Kindern verschluckt oder von Putzfrauen »bereinigt«, 5434 dienten als Zahnstocher, 5309 als Pfeifenreiniger, 3196 als Nagelreiniger, 2431 als Schraubenzieher, 1112 als Sicherheitsnadeln an Damenstrümpfen.

Portugal ist der einzige nichtjüdische Staat der Geschichte, in dem zeitweilig ein jüdischer König herrschte: Dom Antonio.

Die Schweden führten als erste Kartons anstelle von Milchflaschen ein.

Jakow Grigorjewitsch Bljumkin ermordete als sowjetischer Geheimdienstmann 1918 den deutschen Botschafter Graf Mirbach, wurde deshalb offiziell 1928 zur Bereinigung der Beziehungen zwischen Reichswehr und Roter Armee hingerichtet, tatsächlich aber später Chef des sowjetischen Nachrichtendienstes Smersch und erst 1951 als »trotzkistischer Spion« erschossen.

König Alfonso XIII. von Spanien war so unmusikalisch, daß er sich eigens einen Bediensteten hielt, der ihn aufmerksam machen mußte, wenn die spanische Nationalhymne gespielt wurde, damit er sich dann geziemend erhebe.

Nach der Befreiung der Tschechoslowakei vom Hitler-Joch unter erheblicher Beteiligung von US-Truppen entstanden in der ganzen westlichen Tschechoslowakei Denkmäler und Erinnerungstafeln. Die meisten wurden nach der kommunistischen Machtübernahme wieder abgerissen. Nur in Sušice/Schüttenhofen in Südböhmen überlebte am Stadtmuseum eine Bronzetafel mit der Inschrift »Zur dankbaren Erinnerung an die Befreiung vom Faschismus durch die US-Truppen unter General Patton«. Erst als Schüttenhofen die alltschechischen Jugendsportmeisterschaften haben wollte, gelang es der Partei, gegen die Spiele den Abriß der Tafel durchzusetzen: Das geschah in einer Dezembernacht 1970. Im nächsten Jahr hing da plötzlich eine Tafel: »Hier hing einst eine Tafel mit einem Dank an die US-Truppen, die uns unter General Patton vom Faschismus befreiten. Diese Tafel mußte wegen der US-Haltung in Vietnam abgenommen werden.« Diese typisch südböhmische Schlitzohrigkeit hielt nicht einmal ein Jahr dem Parteidruck stand. Seither feiert dort eine Marmortafel die Erinnerung an den bedeutenden Böhmerwald-Dichter Karel Klostermann, der für friedliches Miteinander der Völkerschaften eintrat, und dem im Hause selbst seine ehemaligen Wohn- und Arbeitsräume als Gedenkstätte gewidmet sind.

Die ersten Münzen in den USA wurden aus Martha Washingtons Silberservice geschlagen.

Die ›New York Gazette‹ veröffentlichte 1777 die erste Zeitungsschlagzeile.

1849 wurde David Atchison für einen Tag Präsident der USA: er verbrachte den Tag überwiegend schlafend.

Alkoholschmuggel in den USA während der Prohibition hieß Bootlegging, nach den Stiefeln der Cowboys, in denen sie Alkohol in die Indianerreservate zu schmuggeln pflegten.

1973 schuf man in Tarent Stahlwerke, um Arbeitsplätze zu schaffen. Hätte man statt dessen all den in den Werken später Beschäftigten ab 18 Jahren eine ausreichende lebenslängliche Pension bezahlt, wäre das billiger gewesen – und hätte all die Umweltbelastungen vermieden, die heute erkennbar werden und deren Kosten noch nicht abgeschätzt werden können.

Der US-Geheimdienst CIA plante einmal, Fidel Castro während einer Auslandsreise ein Mittel in die Schuhe zu praktizieren, auf daß ihm sein berühmter Bart ausfalle.

Peggy Hopkins Joyce wurde eine der reichsten Frauen der Welt, indem sie nacheinander fünf Millionäre heiratete.

Die ersten Eisenbahnzüge erreichten Geschwindigkeiten bis zu 125 km/h, hatten aber keine Bremsen.

Das menschliche Nervensystem kann Nachrichten mit einer Geschwindigkeit von ca. 300 km/h transportieren.

Im 17. Jahrhundert gab man in königlichen Residenzen mehr Geld für Kerzen als für Lebensmittel aus.

Marco Polo und Dante, Christopher Marlowe und Daniel Defoe, Lord Byron und Somerset Maugham dienten ihren Regierungen als Spione.

Die Geschichten von ›Ali Baba und den 40 Räubern‹ stellen auf ihre Weise im Rahmen von ›1001 Nacht‹ die Ausraubung eines Pharaonengrabes dar.

Manchem Krimi-Autor erscheinen Stadtbauräte und -planer als die Repräsentanten einer 7. Kolonne von »Schläfern«, die wie die amtlich bestellten Verwalter des Umweltschutzes die Schwächen der Demokratie systematisch zur Anwendung bringen, um sie in falscher Gleichsetzung mit dem Kapitalismus zu zerstören.

Zum guten Schluß.

Wenn man jedoch solcherlei Elementarteilchen des Wissens kaleidoskopisch schüttelt, können ebenso hübsche wie unartige Geschichten daraus entstehen, wie zum Beispiel hier:

Wie Gaugrehweiler in die Geschichte hineingeriet und wie wieder heraus.

Nachdem die Truppen Ludwigs XIV. in jenem großen Raubkrieg, den Frankreich bis heute Wiedervereinigungskrieg nennt, 1688 die Residenz des Grumbacher Zweiges der Wild- und Rheingrafen, Burg Rheingrafenstein über Bad Münster am Stein, wie den größten Teil der übrigen Pfalz zerstört hatten, verlegten die Rheingrafen ihre Residenz nach Gaugrehweiler. Dort regierte nun 1740–1795 Karl Magnus als Herrscher einer der kleinsten unter den 46 Landesherrschaften in der linksrheinischen Pfalz. Er zog jährlich 60000 Gulden aus seinen Untertanen, beschloß aber den Bau eines prachtvollen Residenzschlosses, zu dem er 1748 den Grundstein legte. Allein das Schloß – nach Versailler Muster in Hufeisenform errichtet – kostete über 200000 Gulden, nicht gerechnet der Marstall für 100 Pferde und die großartige Orangerie. Karl Magnus geriet in immer größere Finanzschwierigkeiten, weshalb er sich immer kriminellere Wege einfallen ließ, zu Geld zu kommen. Er legte Lotterien auf, die nur Nieten hatten; schloß Gasthäuser und eröffnete sie auf seine Rechnung neu; erhob Sondersteuern für den Bau von Straßen, den er entweder gar nicht oder durch Bauern in Fronarbeit durchführen ließ; beschlagnahmte Kirchenvermögen; ließ Schulkinder »zum Spaß« die Unterschriften ihrer Väter nachahmen – unter Schuldverschreibungen. Als er aber schließlich dem Grafen Solms zu Rödelsheim einen Wald verpfändete, der ihm gar nicht gehörte, kam die Sache vors Reichskammergericht zu Wetzlar, das zunächst seine Untertanen aller Verpflichtungen gegen ihn entband. Kaiser Joseph II. stellte fest, der Graf habe die schwerste aller Strafen verdient, die ihm nur wegen seines Alters und der Ehrwürdigkeit seines Hauses in 10jährige peinliche Festungshaft gemildert werde, die er auf der Festung Königstein im Taunus abzusitzen habe. Seinem Schwiegersohn Rheingraf Karl von Grumbach gelang es erst 1783 gegen die Verpflichtung, die Schulden des Alten in Ordnung zu bringen, ihn aus der Haft zu lösen. Ehe er diese Verpflichtung aber einlösen konnte, kam die französische Revolution, die den herrlichen Bau zu Gaugrehweiler 1807 für 15 000 Franken auf Abbruch verkaufte. So ist vom einst so kriminell finanzierten Bau infolge einer ebenso kriminellen Weiterung heute nichts mehr zu sehen. Und nur Fachleute kennen die Privatbauten, in deren Mauern manches Material aus dem Schloß verbaut wurde. So geriet Gaugrehweiler zuerst in die Geschichte hinein und dann wieder aus ihr heraus.

V. Von Recht und Gesetz und law and order

»Diese Studienordnung regelt auf der Grundlage des Gesetzes über die Ausbildung für Lehrämter an öffentlichen Schulen (LABG) in der Fassung der Bekanntmachung vom 28. 8. 79 (GV.N.W., S. 586), zuletzt geändert durch Gesetz vom 26. 6. 84 (GV.N.W., S. 374), und der Ordnung der Ersten Staatsprüfungen für Lehrämter an Schulen (LPO) in der Fassung der Bekanntmachung vom 18. 11. 85 (GV.N.W., S. 777), zuletzt geändert durch Verordnung vom 20. 6. 86 (GV.N.W., S. 529), das Studium des Faches Philosophie für das Lehramt für die Sekundärstufe II mit dem Abschluß der Ersten Staatsprüfung.«
(Entwurf einer Studienordnung für Philosophie an der Universität Münster, 1987. § 1. Geltungsbereich)

»Das ist, als schlüge der Papst vor, Christus zum Kardinal zu erheben.« (US-Abgeordneter Lucie Nedzi nach der postumen Beförderung George Washingtons durch das Repräsentantenhaus zum »General of the Armies«)

»Ich bin für die Todesstrafe ... ich glaube, die rettet Leben.« (Nancy Reagan)

»Wer sich aufregt, hält sich für moralisch, und wer sich für moralisch hält, läßt sich von der Vernunft nicht korrumpieren.« (Manfred Rommel)

Der längste Rechtsstreit der Geschichte endete am 28. April 1966, als im indischen Poona das Gericht zugunsten von Balasaheb Patoji Thorat entschied, dessen Vorfahr Maloji Thorat den Prozeß wegen einer Frage des religiösen Protokolls im Jahre 1205 anhängig gemacht hatte.*

Viktor Semjonowitsch Abakumow, der Chef der Abteilung Smersch (Tod den Spionen) der sowjetischen Geheimpolizei, leitete als General Bjelkin in Ungarn die Aktion gegen Rajk und wurde 1954 in Leningrad verurteilt und erschossen.

Dem deutschen Mathematiker Emil Julius Gumbel wurde 1932 die venia legendi wegen der Feststellung entzogen, ihm stellten sich Schrecken und Leiden des Krieges nicht als Jungfrau mit der Siegespalme, sondern als Kohlrübe dar.

Im 19. Jahrhundert wurden in Großbritannien erfolglose Selbstmörder gehenkt.

Der Vorsitzende des Allsowjetischen Erfinderverbandes Artaschetz Bagratowitsch Chalatow wurde 1938 liquidiert.

Oliver Cromwell wurde zwei Jahre nach seinem Tode gehenkt und geköpft.

In New York wurden zwei Gangster, die drei Metzger ermordet hatten und 3500 Dollar erbeuteten, mit Lebens-

* Auch hier gilt, was ich schon am Fuße der Seite 10 gesagt habe.

länglich bestraft und erhielten damit die Aussicht, nach 26 Jahren begnadigt zu werden. Wären die drei Metzger am Leben geblieben, wären die Räuber je mit 120 Jahren Haft bestraft worden und hätten erst nach 40 Jahren begnadigt werden können.

Wer mit minderjährigen Mädchen schläft, erhält als Höchststrafe in Maine/USA 500 Dollar Strafe, in New York 10 Jahre, in Kalifornien 50 Jahre, in New Mexico 99 Jahre, in Delaware die Todesstrafe.

In Colorado sieht das Gesetz für den Diebstahl eines Hundes zehn Jahre vor, für seine Ermordung sechs Monate und 500 Dollar.

Der Stellvertretende Minister für Staatssicherheit unter Stalin, M. D. Rjumin, wurde 1953 verhaftet und wegen unmenschlicher Verhörmethoden erschossen.

Die Vitalienbrüder hatten in Wisby ihr Piratenarsenal.

Von allen Stromern auf der See war Lolona der wüsteste.

Sonntags üben die Henker am Hals ihrer Weiber den Knoten.

Die Palaver-Demokratie der indianischen Hoch-Staaten Nordamerikas kannte nur verbindliche Beschlüsse aus dem Konsens aller.

Die Mehrheitsdemokratie ist das giftigste Erbe Altgriechenlands.

Der Satz »Der Zweck heiligt die Mittel« heißt eigentlich »Wo aber Gottes Wille am Werk ist, da heiligt der Zweck die Mittel« und stammt aus dem berühmten Gutachten von Jean Gerson vom 14. Mai 1429 für den ersten Jeanne d'Arc-Prozeß in Chinon, in dem es um die Frage ging, ob angesichts der Verbote im Alten Testament, daß Frauen Männerkleider trügen und umgekehrt, Jeanne mit ihren Stimmen Glauben verdiene.

Der Jesuit Hermann Busenbaum formulierte 1650 den Satz: »Wenn der Zweck erlaubt ist, sind auch die Mittel erlaubt.«

Im alten England war die Dauer »1 Moment« gesetzlich mit 1½ Minuten gleichgesetzt.

Während der Regierungszeit von Elizabeth I. gab es eine Steuer auf männliche Bärte.

Peter der Große belegte die Bärte der Altgläubigen mit einer so hohen Steuer, daß z.B. Fischer aus dem Gebiet von Odessa ihre Gerätschaften, Kinder und Weiber in ihre Boote packten und über das Schwarze Meer in das Donau-Delta flüchteten, wo ihre Nachkommen noch heute leben.

Die am 3. Februar 1821 in Bristol/Großbritannien geborene Elizabeth Blackwell war die erste Frau, die in den USA zum Doktor der Medizin promoviert wurde.

Nach der Februarrevolution 1917 stellte die Provisorische Regierung aus Gefangenen Österreich-Ungarns das bereits vom russischen Ministerrat 1914 beschlossene »Tschechoslowakische Armeecorps in Rußland« auf.

Die »Lubjanka« war erst ein Gasthofkomplex, dann ein Bordell, dann der Hauptsitz einer Versicherung und wurde schließlich Hauptquartier und Verhörgefängnis der sowjetischen Geheimpolizei.

Finkel, ein Mitarbeiter Kaganowitschs, wurde 1937 liquidiert.

In Boston/USA wurde im 17. Jahrhundert ein Mann wegen obszönen Benehmens zu zwei Stunden Pranger verurteilt: Er hatte seine Ehefrau an einem Sonntag in der Öffentlichkeit geküßt.

Charles Sanson erbte das Amt des Henkers von Paris von seinem Vater im zarten Alter von sieben Jahren (1726).

US-Senator Edward Kennedy wurde während seiner Studienzeit in Harvard wegen Mogelns während einer Spanischprüfung suspendiert.

Die spanische Inquisition verurteilte einst die gesamten Niederlande wegen Häresie zum Tode.

Der Smolny, eines der bedeutendsten Rokokobauwerke Rußlands, war ursprünglich ein Nonnenkloster, dann eine Ausbildungsanstalt für adelige Töchter, und wurde 1917 Sitz revolutionärer Organe.

In Siena ist es allen Frauen verboten, als Prostituierte zu arbeiten, wenn ihr Vorname Maria ist.

In Frankreich, dem angeblich klassischen Land der Liberté, erhielten Frauen erst 1944 das Wahlrecht.

1911 wurden drei Männer gehenkt wegen der Ermordung von Sir Edmund Berry zu Greenbury Hill; sie hießen Green, Berry und Hill.

Am 1. April 1954 wurde der Mutter von fünf Kindern P. Ride das Weltpatent für geschnittenes Brot zuerkannt.

In Cambridge/Großbritannien ist das Tennisspiel auf den Straßen verboten.

In Arizona ist die Jagd auf Kamele gesetzlich verboten.

In England hatten gegen Ende des 19. Jahrhunderts manche Männer bei Wahlen drei Stimmen: zu Hause, am Platz ihres Büros in der City of London, in ihren Universitäten.

Frankreich hatte zwischen den beiden Weltkriegen 40 Regierungen.

In Kalifornien ist gesetzlich verboten, einen Schmetterling zu töten oder mit dem Tode zu bedrohen.

Bis 1970 durften in Frankreich Eltern für ihre Kinder Vornamen nur aus einer offiziellen Liste auswählen.

Bis 1819 wurde das Abholzen eines Baumes in Großbritannien mit dem Strick bestraft.

Die Monarchie richtet die Aufmerksamkeit auf die Person, die Interessantes tut; die Republik auf jene vielen, die Uninteressantes tun müssen.

Die Merowinger waren eine Despotie – durch Mord gemildert.

Die Ceauşescaner sind eine Despotie – durch Dummheit verschärft.

›High Noon‹ ist die klassische Möglichkeit, den »finalen Rettungsschuß« dramaturgisch vollendet zu inszenieren.

Der glaub-würdige Gott ist nicht denk-bar, ein denkbarer Gott ist nicht glaub-würdig.

Jeder Versuch eines Gottesbeweises ist – strenggenommen – bereits ein Grenzfall der Blasphemie.

Das Erste Gebot, man solle sich kein Bild von IHM machen, muß wohl vor allem als Berufsverbot für Theologen verstanden werden.

Vermutlich deshalb erweist sich die meiste Theologie bei genauerer Betrachtung als exegetische Paulologie.

Sünde ist Vergewaltigung Gottes.

Ist Jesus Christus?

»Was Du nicht willst, das man Dir tu, das füg auch keinem andern zu« ist inhaltsidentisch mit »Liebe Deinen Nächsten wie Dich selbst«.

Reiner Egoismus ist inhaltsidentisch mit reinem Altruismus.

Lloyd's of London berühmt sich, alles nur Denkbare zu versichern, lehnt aber Lebensversicherungen ab.

Paul Revere, der 1775 die Neuengland-Kolonisten in seinem berühmten Ritt vor den britischen Truppen warnte, war Zahnarzt.

Aristoteles war der Ansicht, daß des Menschen Intelligenz im Herzen, nicht aber im Hirn befindlich sei.

Anne Boleyn erhielt als Gnade von Heinrich VIII. die Wahl zwischen Enthauptung und lebendig Verbranntwerden; sie wählte – begreiflich – das Schwert.

Es ist gesetzlich verboten, einen Pferdewagen ohne Sondererlaubnis durch die City of London zu fahren.

1929 erließ Sowjetrußland ein Gesetz, daß die Woche künftig nurmehr fünf Tage habe, nahm es aber 1940 wieder zurück.

1386 wurde in England ein Schwein zum Tode durch den Strick verurteilt und exekutiert, weil es ein Kind getötet hatte.

1647 schaffte das englische Parlament Weihnachten ab.

Wenn Spartaner bis zu ihrem 30. Jahr nicht verheiratet waren, verloren sie ihr Stimmrecht und durften an den beliebten Nacktparties nicht mehr teilnehmen.

Wenn im alten Ägypten einem Arzt der Patient während einer Operation starb, wurden ihm beide Hände abgehackt.

Jeanne d'Arc wurde völkerrechtlich zu Recht verbrannt, zu Unrecht – aber politisch begründet – rehabilitiert und 1920 heilig gesprochen.

Bei US-Gerichten ist der Bluthund als einziges Tier als Zeuge zugelassen.

Im Irak ist es gesetzlich verboten, an Sonntagen Schlangen zu verspeisen.

In Michigan/USA ist die gesetzliche Mindeststrafe für einen Einbruch 5 Jahre, für den Besitz von Einbruchwerkzeugen 10 Jahre.

In North Carolina/USA ist die gesetzliche Mindeststrafe für einen Einbrecher, der durch eine halboffene Tür ins Haus gelangt, 10 Jahre; hat er die Tür dabei bewegt, kann er mit dem Tode bestraft werden.

Die Bundesfinanzgesetzgebung der USA sieht für jemanden, der keine Einkommensteuererklärung abgibt, 1 Jahr, für einen, der sie fälscht, 5 Jahre Gefängnis vor.

Aus der Religion der Hindu kann man nicht exkommuniziert werden.

In England kann ein Vater nicht wegen Kindsmord angeklagt werden.

In den USA können Summen, die an Kidnapper gezahlt werden, von der Steuer abgesetzt werden.

In Uruguay sind Duelle legal, falls beide Teilnehmer Blutspender sind.

Die Amtssprachen der UNO sind Arabisch, Chinesisch, Englisch, Französisch, Russisch und Spanisch.

Als letzter britischer Monarch verwendete Königin Anne 1707 das königliche Veto.

Angehörige des britischen Hochadels können wegen zivilrechtlicher Vergehen nicht verhaftet werden.

Nach englischem Recht können Wahrsager bestraft werden.

Die britische Königin darf das Unterhaus nicht betreten.

Neuseeland gewährte am 19. September 1893 als erstes Land der Erde den Frauen das Stimmrecht bei Wahlen.

Die Hersteller von »Monopoly« drucken pro Jahr mehr Geld als das Schatzamt der USA.

In New York ist es Frauen gesetzlich verboten, auf der Straße zu rauchen.

Nichts kann zweimal verbrannt werden.

Nach US-Recht galt es bis zur Ermordung Kennedys nicht als Kapitalverbrechen, den Präsidenten zu ermorden.

Der bedeutende und berühmte englische Dichter des 15. Jahrhunderts, Sir Thomas Malory, dessen Artus-Dichtungen sich vor allem mit den Idealen ritterlichen Lebens befaßten, »saß« achtmal, u.a. wegen Vergewaltigung und wegen bewaffneten Raubüberfalls.

Die Einfuhr von Dudelsäcken in die USA ist zollfrei.

631 ließ der Merowingerkönig Dagobert 9000 Bulgaren, die bei ihm Asyl gesucht hatten, in einer Winternacht von seinen bayerischen Grenzmannen abschlachten – unfeines Vorbild für den westlichen Umgang mit osteuropäischen Polit-Asylanten und Muster des literarischen Burgunder-Metzelns im Nibelungenlied.

In der Schweiz ist es gesetzlich verboten, eine Autotür zuzuknallen.

Im britischen High Wycombe werden jedes Jahr am 27. November alle gewählten Funktionäre und Beamten gewogen, um festzustellen, ob sie sich an den Steuern der Bürger gemästet haben.

Zwischen England und Portugal hat es nie Krieg gegeben, wohl aber verbündeten sie sich bereits 1353 gegen Kastilien, verlängerten den Vertrag siebenmal, ergänzten ihn 1943, eröffneten ihn den USA, die deshalb auf den Azoren Stützpunkte einrichten konnten, und haben so vor 636 Jahren den ältesten NATO-Vertrag geschaffen.

Im Zweiten Weltkrieg verwendeten die Alliierten über 50 000 Brieftauben.

Väter neigen dazu, ihre Ideale und Zielträume ihren Söhnen aufzusatteln.

Einbrecher entwendeten aus der First Jersey National Bank zu Trenton 24 Teepackungen, 12 Tüten Zucker, 12 Dosen Kaffee, 9 Schachteln Kaffeesahne, 16 Flaschen Spülmittel, 6 Dosen koffeinfreien Kaffee, 3 Kisten Tafelwasser und 3 Flaschen Mundwasser.

Im Mittelalter wurden oftmals Tiere wegen Häresie und Zauberei zum Tode verurteilt und exekutiert.

In der UdSSR ist es gesetzlich verboten, in einem schmutzigen Auto zu fahren.

In Zambia ist es verboten, Pygmäen zu fotografieren.

Im alten Irland wurde mit dem Tode bestraft, wer einen Haselstrauch oder einen Apfelbaum fällte, da man diese für heilig ansah.

In Großbritannien stammen mehr Mörder aus Yorkshire als aus jeder anderen Grafschaft.

Nach 500 Jahren Krieg wurde zwischen Lagasch und Umma vor 4500 Jahren der erste bekannte Friedensvertrag abgeschlossen.

546 v. Chr. versammelten sich auf Initiative eines ehrgeizigen Politikers Vertreter der damaligen Großmächte Chinas zur ersten bekannten Abrüstungskonferenz; man vereinbarte die Abschaffung des Krieges, über Einzelheiten konnte man sich nicht einigen.

Der kürzeste burmesische Familienname ist »H«.

Der weitestverbreitete einbuchstabige Familienname ist »O«.

1902 wurde die erste Verurteilung aufgrund von Fingerabdrücken ausgesprochen, gegen Harry Jackson.

Nancy Reagan lernte Ronald Reagan kennen, als sie um seine Hilfe bat, ihren Namen von einer Liste kommunistischer Sympathisanten streichen zu lassen.

Mitte des 19. Jahrhunderts war die türkische Pressezensur besonders scharf: als König und Königin 1861 ermordet wurden, berichtete die Presse, sie seien an Verdauungsstörungen gestorben.

1830 wurde Ketchup in den USA als Medizin patentiert.

1635 wurde in Frankreich der Verkauf von Tabak gesetzlich verboten: man konnte ihn nurmehr auf ärztliches Rezept bekommen.

Die Camorra entstand im 16. Jahrhundert als eine Art Bürgerbewegung zum Schutz der einfachen Bevölkerung gegen räuberische Banden und eine erpresserische Willkür-Obrigkeit.

Die Geschichte kennt etwa 250 Alphabete, von denen aber nur 50 überlebt haben.

Die kürzeste Grenze auf Erden ist die zwischen Spanien und Gibraltar.

1381 ließ sich die Frau von Sir Robert Knollys ohne städtische Erlaubnis eine Brücke aus ihrem Haus über die Straße in ihren Rosengarten bauen; zur Erinnerung an ihre anschließende Bestrafung erhält der Lord Mayor von London jedes Jahr in der Guildhall eine Rose geschenkt.

US-Zöllner beschlagnahmten einen Film »Bettspiele«, da er gegen das Pornographiegesetz verstoße; es war ein Lehrfilm, wie man kranke Kinder unterhalten kann.

1494 wurde in Deutschland die erste Lotterie eingeführt.

Die kürzesten Ortsnamen auf Erden sind A (Norwegen), O (Japan), U (auf den Karolinen) und Y (Frankreich).

In Indiana/USA wurde Robin Hood 1950 gesetzlich »verboten«, da die Beraubung der Reichen zugunsten der Armen Kommunismus sei.

Belgien hat als einziges Land nie eine Filmzensur für Erwachsene durchgeführt.

In Minnesota/USA ist es gesetzlich verboten, männliche und weibliche Unterwäsche gemeinsam auf die selbe Wäscheleine zu hängen.

Den Vorschriften der US-Lebensmittelbehörde zufolge dürfen 100 Gramm Tomatenmark nicht mehr als 30 Fliegeneier enthalten.

In Großbritannien bedeutet die Floskel »vor undenklichen Zeiten« amtlich die Zeit vor König Richard I.

Zu König Knuts Zeiten wurden in seinem Reich Ehebrecherinnen Nase und Ohren abgeschnitten.

Zu den unangenehmeren Exekutionsmethoden des alten Rom gehörte es, den Verurteilten mit Honig einzuschmieren und dann einen Wespenschwarm auf ihn loszulassen.

Als 1936 Edward VIII. auf den britischen Thron verzichtete und die Reiche unter seiner Krone um Zustimmung zu seiner Abdankung bat, vergaß der Freistaat Irland zuzustimmen, so daß der Herzog von Windsor bis zu seinem Tode König von Irland blieb und alle irischen Regierungen widerrechtlich tätig waren, und da das 1949 in Kraft getretene Gesetz über die Schaffung der Republik Irland rechtswidrig ist – es enthält eine Verfassungsänderung, die durch Volksentscheid hätte bestätigt werden müssen –, sind auch alle seither mit Irland abgeschlossenen Verträge rechtlich null und nichtig.

Wer mit verkürzten Zitaten aufgepäppelt wird und daher Verkürzendes für Denken hält, wird leicht ein Opfer der Vorstellung, Moral sei Ethos.

Ferdinand Marcos, Ex-Diktator der Philippinen, behauptete oft von sich, vom Schicksal dazu auserkoren zu sein, seinem Land seinen Stempel aufzudrücken. Wie ernst er das meinte, wird daraus ersichtlich, daß er während seiner 20jährigen Amtszeit schrittweise die Grenzen der Provinz Kalinga-Apayao auf der Hauptinsel Luzon dergestalt veränderte, daß sie das Profil seines Kopfes wiedergeben, wobei sein Blick auf seine Heimatprovinz Ilocos Norte gerichtet ist.

In Texas wurde 1974 ein Gesetz aus dem Jahre 1837 aufgehoben, das es Ehemännern erlaubte, einen auf frischer Tat ertappten Liebhaber ihrer Frau folgenlos zu erschießen.

Nach Solschenizyn ist »ein großer Schriftsteller... so etwas wie eine zweite Regierung. Darum hat auch keine Regierung je die großen Schriftsteller geliebt, sondern nur die kleinen.«

»Der Bundesminister für Arbeit und Sozialordnung wird beauftragt, zusammen mit dem Sekretariat des Ausschusses für Arbeit und Sozialordnung und dem Parlamentssekretariat des Deutschen Bundestages vor der Herstellung der Urschrift des Gesetzes das vom Deutschen Bundestag und vom Bundesrat verabschiedete Gesundheits-Reformgesetz redaktionell durchzusehen und dabei, ohne den materiellen Normgehalt des Gesetzes zu verändern, insbesondere Druckfehler und andere offenbare Unrichtigkeiten, Unstimmigkeiten des Wortlauts, der Vorschriftenfolge und der Zeichensetzung sowie uneinheitlichen Sprachgebrauch und uneinheitliche Schreibweisen zu berichtigen ...« (Aus einem Entschließungsantrag der Fraktionen von CDU/CSU und FDP zum Entwurf eines Gesetzes zur Strukturreform im Gesundheitswesen.)

Zum guten Schluß.

Wenn man jedoch solcherlei Elementarteilchen des Wissens kaleidoskopisch schüttelt, können ebenso hübsche wie unartige Geschichten daraus entstehen, wie zum Beispiel hier:

Wie man fremde Bräuche mißverstehen kann oder der Vertrag von Nertschinsk und seine Folgen.

Seit rund 200 Jahren findet sich in der russischen und bis zuletzt auch in der sowjetischen Polemik gegenüber China immer wieder der mißtrauisch-ablehnende Satz: mit den Chinesen zu verhandeln habe keinen Zweck, die verbrennten die Verträge ja doch. Nur eine bildhafte Redensart? Als 1689 der erste Vertrag Rußlands mit dem großen östlichen Nachbarn abgeschlossen wurde, dessen Beherrscher seit 1644 die Mandschu-Dynastie der Qing war, die China im Bündnis mit einigen mongolischen Staaten erobert hatte, als also der Vertrag von Nertschinsk abgeschlossen wurde, kamen wegen der großen

Entfernung nur rund 120 russische Delegierte angeritten, aber angefüllt mit Kenntnis und Bewußtsein abendländischer Vertrags- und Völkerrechtstraditionen. Auf der »chinesischen« Seite vertraten mandschurische Große ihren Herrn, begleitet von 4 Truppenbannern = 16000 Mann, und beraten von Jesuiten. Beides mag in den Russen Furcht erweckt und Neigung zu trotzig-arrogantem Verhalten verstärkt haben. Jedenfalls: der Vertrag von Nertschinsk, der nur dank unermüdlicher jesuitischer Interventionen schließlich zustande kam, wurde lediglich in Russisch, Lateinisch und Mandschurisch abgeschlossen – nicht in Chinesisch; und doch glaubte Rußland, einen Vertrag mit China abgeschlossen zu haben.

1972 entdeckte der italienische Mandschurologe Giovanni Stary, dem Moskau als erstem überhaupt alte Archive geöffnet hatte, in ihnen, wovon niemand mehr eine Ahnung hatte: die Originalpapiere der russischen Delegation zu Nertschinsk, Tagebücher, Briefe, interne Anweisungen, Handakten usw. Daraus ergab sich nun: Als zu Nertschinsk der Vertrag endlich ausgehandelt und in diversen Kopien ausgefertigt war, nahm der »chinesische« Delegationsleiter zum Entsetzen der Russen das Vertragsoriginal und verbrannte es. Rußland glaubte an eine unerhört arrogante Mißachtensgeste; und seit Stary weiß man, woher wenigstens eine der Wurzeln des oftmals irrational anmutenden Verhaltens Moskaus gegenüber China gewuchert ist. Was aber hatte es mit dieser Verbrennung auf sich, die bei den anschließenden Verträgen etwa von Burinsk 1727, Kiachta 1727 und Kuldscha 1851 nicht mehr stattfand?

1986 entdeckte der Bonner Mandschurologe Michael Weiers in teilweise sehr viel älteren Originalverträgen der Mandschu immer wieder das gleiche Vertragsmuster, das offenbar einer uralten zentralasiatischen Völkerrechts- und Vertragstradition entsprach. Diesem Muster zufolge sind es der Hohe Himmel und die Tiefe Erde als oberste Gottheiten, bei denen Verträge beschworen werden und die zudem dafür verantwortlich sind, am Vertragsbrecher den Vertragsbruch nach ganz bestimmten Regeln zu sühnen. Himmel und Erde galten also sozusagen als Depositar- und zugleich Garantiemacht. Wie aber bekommt man einen Vertrag in die himmlischen Archive? Indem man ihn verbrennt wie etwa Geistergeld, auf daß die Toten im Jenseits Geld haben. Also: der Akt der Verbrennung war die höchste und heiligste Form der Ratifikation eines Vertrages überhaupt, den die Mandschu kannten. Und da die Russen zu entsetzt waren, um bei den Jesuiten um Erklärungen nachzusuchen, oder auch ihrer abendländischen Kenntnisse zu sicher, mißverstanden sie aus Unkenntnis die feierlichste Ratifikation als gröbsten Mißachtungsakt und als Provokation – mit unabsehbaren politischen Folgen, bis heute. Und obwohl jetzt die Herkunft dieses Mißtrauenstopos aufgeklärt ist, dürfte, so ist zu befürchten, der allgemeine Rückgang an Vernunft allerorten nicht aufzuhalten sein.

VI. Von Personen und Persönlichkeiten

»Es gibt keinen Grund, die Rolle der drei Monarchen 1888 als historisches Faktum zu ignorieren.« (Michael Stürmer)

»Der tote Stalin bedeutet für die Sowjetunion noch immer mehr als der lebende Waldheim für Österreich.« (Egon Bahr)

Am 12. Februar 1868 beschloß Johann Fürst von Liechtenstein, »Bei den dermaligen geänderten Verhältnissen im staatlichen Organismus Deutschlands« sei es »im Interesse meines Fürstentums gelegen, von der Unterhaltung eines Militärkontingentes abzusehen«, und löste die liechtensteinischen Streitkräfte für alle Zeiten auf.

Papst Paul V. verurteilte Galileo Galilei, Papst Paul VI. sprach seine Ehrenrettung aus: er sei ein großer Geist wie Dante oder Michelangelo gewesen.*

* Auch hier gilt, was ich schon am Fuße der Seite 10 gesagt habe.

Mickey Mouse hieß ursprünglich Mortimer.

Mickey Rooney hieß in Wirklichkeit Joe Yule Junior.

Leonardo da Vinci erfand den Fallschirm 1480.

Sir John Popham, im 16. Jahrhundert Chefrichter Englands, begann seine Laufbahn als Einbrecher.

Karl Heinrich Marx war der Sohn des zu Trier wirkenden Justizrats Marx, der vom Judentum zum Protestantismus übergetreten war; er wirkte eine Zeit als Dozent für Hegelsche Philosophie an der Universität Bonn und schrieb viele menschlich nicht erhebende Gier-Briefe an seinen Mäzen Friedrich Engels.

Der Wiener Journalist Theodor Herzl säkularisierte die von Moses Hess erdachte Zionismus-Idee und konnte sie so erfolgreich propagieren.

Der Feldkurat des 91. k.u.k. Infanterieregiments hieß Katz.

Judah Loew Ben Bezalel, auch der Hohe Rabbi Loew und Lew Ben Bezalel genannt, bedeutendster Rabbi, Talmudist, Kabbalist, Moralist und Mathematiker seiner Zeit, aus Worms stammend, lehnte den talmudischen Pilpul ab und war nicht der Erfinder des Golem, für den bis Mitte des 18. Jahrhunderts Rabbi Elija von Chelm angesehen wurde.

Sankt Simeon der Stylit bewies im 5. Jahrhundert seine Ergebenheit in Gott damit, daß er jahrelang auf der Spitze einer Säule verbrachte: der wahre Säulenheilige.

Papst (H)Adrian VI. starb an einer Fliege, die ihm in den Schlund geflogen war.

Giuseppe Garibaldi war piemontesischer Marine-Offizier und bedeutender Mitwirker an lateinamerikanischen Befreiungskämpfen.

César Ducornet, ein Künstler des 19. Jahrhunderts, zeichnete mit den Füßen – er hatte keine Arme.

John Paul Getty, einer der reichsten Männer auf Erden, hatte in seinem Haus für Gäste ein Münztelefon.

Sir Michael Tippet gilt als einer der besten britischen Komponisten, aber von immenser Schwierigkeit. Bei der Premiere seiner Symphonie Nr. 2 verirrte sich das Orchester inmitten der Aufführung so sehr, daß der Dirigent abbrach und die Aufführung von vorne begann.

Kirk Douglas wurde im Zweiten Weltkrieg schwer verwundet, als sein in der Panamakanalzone stationiertes Minenräumboot der US-Navy sich bei der U-Boot-Jagd selbst aus dem Wasser sprengte.

Der zu den bedeutendsten Sinologen der ersten 25 Jahre des 20. Jahrhunderts zählende Engländer Sir Edmund Backhouse fälschte nicht nur sämtliche von ihm »entdeckten« und publizierten Dokumente aus dem Kaiserpalast der untergehenden Mandschu-Dynastie in Chinesisch, sondern auch das obszönste Buch über multisexuelle Praktiken und Abenteuer als sein Tagebuch in Englisch, bei dessen Überprüfung zur Drucklegung der ganze Schwindel 1976 erstmals eindeutig nachgewiesen wurde.

Einst galt Orville Stamm als »stärkster Bursch auf Erden«, denn er spielte Geige (nicht einmal schlecht): mit einer am Streicharm hängenden mächtigen Bulldogge.

Matthias Buchinger, geboren 1674 in Nürnberg ohne Füße, Hüften und Arme, spielte 6 Musikinstrumente ausgezeichnet, verblüffte sein Publikum als vollendeter Zauberkünstler, galt als erwiesener Meisterschütze, war ein hervorragender Zeichner und Kalligraph, und zeugte mit 5 Ehefrauen nacheinander mindestens 14 Kinder.

1818 betrat der 1792 in Avignon geborene Ivan Ivanitz Chabert, der »vollkommenste menschliche Salamander aller Zeiten«, einen glühenden Ofen mit 2 rohen Steaks in den Händen: wenn er aus dem Ofen heraustrat, waren die Steaks gar – und er selbst unverletzt.

Seit seinem Auftritt im Moulin Rouge 1892 galt Joseph Pujol als der einzige geruchlose Kunstfurzer von solcher Vollendung, daß man ihn sogar in feiner Gesellschaft auftreten lassen konnte.

Virginia Woolf schrieb die meisten ihrer Bücher stehend.

James Watt, der Vervollkommner der Dampfmaschine, litt Zeit seines Lebens an schwerer Migräne.

William Gladstone, der für die Liberalen viermal Premierminister Großbritanniens war, hatte seine Karriere als Finanzminister der Tories begonnen.

Bob Hope begann seine Karriere als Boxer.

Friedrich der Große von Preußen ließ sich seinen Kaffee oft statt mit Wasser mit Champagner zubereiten.

Eines der Hochzeitsgeschenke an Königin Victoria war ein Käse von einer halben Tonne Gewicht und neun Metern Durchmesser.

Alle Menschen haben im Durchschnitt weniger als zwei Beine.

1963 wurde der Film ›Kleopatra‹ in Ägypten verboten, weil die Hauptdarstellerin Elizabeth Taylor zum jüdischen Glauben konvertiert war.

Sankt Nikolaus, der ursprüngliche Weihnachtsmann, ist von Amts wegen Schutzheiliger der Diebe, der Jungfrauen und des kommunistischen Rußland.

Clark Gable war während des Zweiten Weltkriegs Bomberpilot und wegen Tapferkeit ausgezeichnet. Er hielt zuletzt den Rang eines Majors.

Zu den bedeutendsten Erfindungen Benjamin Franklins gehört der Schaukelstuhl.

Die Marx-Brüder Chico, Harpo, Groucho und Zeppo hießen eigentlich Leonard, Adolph, Julius und Herbert.

Gustave Eiffel hieß so, weil sein Großvater aus der Eifel stammte.

Friedrich Wilhelm von Preußen, der sogenannte Soldatenkönig, ließ in ganz Europa Männer (auch mit Gewalt) rekrutieren, die groß genug waren, um in seiner Garde der Langen Kerls zu dienen: die niemals Kriegsdienst tat.

Der US-Schauspieler W. C. Fields ließ während des Zweiten Weltkriegs auf deutschen Banken 50 000 Dollar stehen für den Fall, daß Hitler den Krieg doch gewönne.

Heinrich VII. wurde als einziger englischer König unmittelbar auf dem Schlachtfeld gekrönt.

Während des US-amerikanischen Bürgerkrieges bot der König von Siam Präsident Abraham Lincoln eine Hilfstruppe aus seinen Leib-Kriegselefanten an; Lincoln lehnte dankend ab.

Charles Blondin, der größte Seiltänzer seiner Zeit, trug einmal seinen Agenten auf dem Rücken über die Niagara-Fälle. Ein anderes Mal bereitete er über den Fällen ein Omelette.

Der große Apachenhäuptling Geronimo, der eigentlich Goyathlay (»Der der gähnt«) hieß, wurde auf seine alten Tage Mitglied der Holländischen Reformierten Kirche, dann aber wegen Glücksspiels wieder ausgeschlossen.

Karl V. sagte: »Ich spreche zu Gott Spanisch, zu Frauen Italienisch, zu Männern Französisch, zu meinem Pferd Deutsch.«

Man nimmt an, daß auch ungeborene Babys träumen können.

Die Nationalfahne Italiens wurde von Napoleon entworfen.

Ernest Bevin, der als Vater des Wohlfahrtsstaates gilt, verließ die Schule bereits mit 11 Jahren.

Australische Aborigines genieren sich nicht, sich in der Öffentlichkeit zu entleeren, schämen sich aber, beim Essen gesehen zu werden.

Weder Frau noch Mutter von Alexander Graham Bell konnten von der bedeutendsten Erfindung des Mannes, dem Telefon, profitieren, da sie beide taub waren.

William Shakespeare und Miguel de Cervantes Saavedra starben beide am 23. April 1616.

John Milton verbrachte den größeren Teil seiner Schreibarbeit mit dem Verfassen revolutionärer Manifeste.

Michelangelo wurde 88 Jahre alt.

In seiner Jugend wärmte sich Pablo Picasso manches Mal dadurch, daß er eigene Gemälde verheizte.

Der bedeutende russische Komponist Borodin war von Beruf Professor der Chemie.

Vom Heiligen Patrick, dem Nationalheiligen Irlands, ist wenig sicher überliefert, außer einer Tatsache: Er war kein Ire.

Königin Victoria, deren Muttersprache Deutsch war, lernte nie perfekt Englisch zu sprechen.

Abraham Lincoln hielt sich für ein uneheliches Kind; sein Irrtum konnte erst nach seinem Tode aufgeklärt werden.

Der bedeutende französische Komponist Lully starb 1687 an den Folgen einer Blutvergiftung, die er sich zugezogen hatte, als er sich während des Dirigierens in einem Augenblick höchster Erregung mit seinem Taktstock den eigenen Fuß durchbohrte.

Elisabeth von Rußland besaß 15 000 Kleider.

Krebs fordert pro Stunde 40 Tote in den USA.

König Ptolemäus IV. von Ägypten liebte Ruderboote: um sein größtes zu bewegen, waren 10 000 Ruderer nötig.

Sir Christopher Wren, der binnen 41 Jahren 52 Kirchen in London baute, hatte lediglich 6 Monate Ausbildung als Architekt in Paris erfahren.

Walt Disney hält mit 35 »Oscars« die Spitze.

Der bedeutende Schwergewichtsboxer Gene Tunney, der immer noch als einer der besten Boxer aller Zeiten gilt, lehrte nach seiner Sportlaufbahn an der Yale-Universität über Shakespeare.

Georg Simon Ohm entdeckte das nach ihm benannte Gesetz.

Pestalozzi war nicht nur Päda-, sondern auch Andragogiker.

Washington Irving wurde zu seiner Rip van Winkle-Geschichte durch eine Anekdote über den kretischen Dichter Epimenides angeregt, von dem es heißt, er habe eines Nachmittags ein Schläfchen gehalten, aus dem er erst nach 50 Jahren erwachte.

Harry S Truman heißt *so*, und nicht Harry S. Truman, weil beide Großväter Vornamen mit S hatten, seine Mutter sich aber nicht für einen entscheiden konnte, jedoch auch dagegen war, daß das S verschwände.

Anne Boleyn hatte an jeder Hand sechs Finger, und außerdem drei Brüste.

Sancta Teresia Benedicta a Cruce ist (noch) die einzige katholische Heilige der neueren Zeit, die als Jüdin geboren war.

Der englische Schriftsteller Anthony Trollope erfand das Pillendöschen.

Sergej Prokofieff komponierte als 7jähriger eine Oper ›Der Riese‹.

Maria, Königin von Schottland, ließ sich eine Uhr in einem Schädel anfertigen.

Winston Churchill und Clement Attlee hatten als Kinder dieselbe Hauslehrerin.

Rudolf Hess war der letzte, der im Tower von London inhaftiert war.

In Toronto/Kanada gibt es die St. James Bond United Church.

Bei Wien gibt es den Vorort Sankt Marx – ein typisch österreichischer Kompromiß.

Der berühmte US-Detektiv Allan Pinkerton stolperte, biß sich in die Zunge, bekam Blutvergiftung, und starb.

Der Prophet Mohammed haßte Hunde, aber verehrte Katzen; einst, als er aufstehen wollte, schnitt er sich den Ärmel seines Gewandes ab, auf dem eine Katze schlief, auf daß sie durch ihn nicht gestört werde.

Judy Garland hieß eigentlich Frances Gumm.

Der Engländer William Henry Davies, der sich lange als Viehtreiber und Vagabund in den USA und England umhergetrieben hatte, schrieb später seine Erinnerungen nieder, die sich u.a. dadurch auszeichnen, daß sie in reinem angelsächsischen Englisch verfaßt sind, weshalb ihnen sein Förderer, der große Spötter George Bernard Shaw, den rein normanno-englischen Titel ›The Autobiography of a Supertramp‹ verpaßte.

Den Kugelschreiber erfanden die Brüder George und Laszlo Biro.

William Shakespeare schrieb seinen Familiennamen nachweislich zumindest auf 11 verschiedene Weisen.

Leonardo da Vinci konnte gleichzeitig mit der einen Hand zeichnen und mit der anderen schreiben.

Mitglieder des britischen Oberhauses tragen in Anwesenheit der Königin keine Handschuhe.

Als der Sonnenkönig Ludwig XIV. sich eines Tages seine Socken auszog, fiel ihm ein Zeh ab.

Stalin pflegte in der Öffentlichkeit Pfeifen, privat Zigaretten zu rauchen.

Caesar war Epileptiker.

Alle Autoren des Neuen Testaments sind Juden, mit Ausnahme von Lukas.

Gerald Ford wurde 1974 als 38. Präsident der USA vereidigt, und als erster, der nicht vom Volk gewählt worden war.

Die Schauspielerin Sarah Bernhardt liebte es, ab und zu in ihrem Sarg zu schlafen.

Der zweite Mann von Marilyn Monroe, Joe Di Maggio, läßt ihr Grab dreimal wöchentlich mit frischen Rosen bestellen.

Oliver Cromwell hieß in Wirklichkeit Oliver Williams.

Lenin hieß in Wirklichkeit Uljanow.

Trotzkij hieß in Wirklichkeit Bronstein.

Stalin hieß in Wirklichkeit Dschugaschwili.

Gromyko hieß in Wirklichkeit auch anders, und nannte sich nach seiner Geburtsstadt.

Marco Polo sprach nicht Chinesisch.

Robert Louis Stevenson schrieb während seiner Hochzeitsreise ›Reisen mit einem Esel‹.

In Japan ist St. Nikolaus eine Frau.

Der Filmschauspieler Alan Ladd sprach die unsterblichen Worte: »Ein Mann muß tun, was ein Mann tun muß.«

Buffalo Bill jagte keine Büffel, sondern Bisons.

Kyros der Große verurteilte einen Fluß zum Tode, weil sein Lieblingspferd darin ertrunken war.

Jack the Ripper war Linkshänder.

Sokrates war entweder Steinmetz (wie sein Vater) oder Schuster wie Hans Sachs, Paulus war Zeltmacher wie Persiens großer Dichter Omar.

Die erste Polizistin der westlichen Welt war Alice Wells in Los Angeles, eingestellt am 12. September 1910.

Harry Kahne (USA) konnte mit 5 Stück Kreide in beiden Händen, beiden Füßen und dem Mund gleichzeitig auf 5 Tafeln komplizierte Wörter wie »Idiosynkrasie«, »Konstantinopel« und »Indianapolis« schreiben und dabei ein Wort auf dem Kopf stehend, das zweite in Spiegelschrift, das dritte von rechts nach links, das vierte in systematisch versetzten Buchstaben und nur das fünfte in Normalschrift fixieren.

Thea Alba (Berlin) konnte, mit Kreidegriffeln an jedem Finger, gleichzeitig 10 verschiedene Ziffern schreiben.

Der farbige US-Schauspieler und Regisseur Robert Townsend, der seinen ersten eigenen Film auf Pump zustande brachte, fuhr zur Benefiz-Premiere von ›Hollywood Shuffle‹ in einer eigenen Luxuslimousine vor.

Charles Colson, einst Nixons Spezialberater, der nach Verbüßung einer Haftstrafe Gefängnispfarrer wurde, schlägt vor: man solle künftig nicht mehr abwarten, bis Staatsdiener Fehler machten und sie dann einsperren; man solle die Sache lieber umdrehen: sie erst einsperren und danach ihren Dienst antreten lassen.

Die 84jährige Karmeliterin Miriam Meade aus Iowa/USA, die nie an Wettbewerben teilnahm, geschweige denn an diesem, gewann in ihm dennoch ein Wochenende für sich, ihren Mann, ihre Kinder und ihren Babysitter.

In der ausgezählten Literatur hat Victor Hugo in ›Les Misérables‹ den längsten Satz mit 823 Wörtern verfaßt.

Die Bibel nennt nur drei Engel mit Namen: Gabriel, Michael und Luzifer.

Greta Garbo hieß in Wirklichkeit Greta Gustafsson.

Der Engländer Henry Lewis konnte mit seiner Nase Billard spielen.

In den USA wurde einst ein Mann namens Al Cohol wegen Trunkenheit verurteilt.

Cervantes hatte nur einen Arm.

John Wayne hieß in Wirklichkeit Marion Michael Morrison.

Aesop ist mit großer Wahrscheinlichkeit nicht der Verfasser seiner berühmten ›Fabeln‹.

Das Gefängnis auf der Insel Sark hat Platz für nur zwei Personen.

Die äthiopische Kirche verehrt Pontius Pilatus als Heiligen.

Den ersten Fallschirmabsprung absolvierte André Garnerin über dem Parc Monceau in Paris am 22. Oktober 1797 aus einem Ballon.

Tel Aviv heißt Frühlingshügel.

Im Tell Leilan entdeckte Keilschrifttafeln bestätigen, daß sich bereits vor 3700 Jahren äußerst mächtige Königreiche in Nahost mit hohem Organisationsniveau über den Austausch von Spionen verständigten.

Auf dem Grabstein des US-Filmkomikers W. C. Fields steht: »Eigentlich wäre ich lieber in Philadelphia«.

1240 warnte Kaiser Friedrich II. u. a. den englischen König in einem Brief, daß die Spione der Mongolen überall seien.

Rudyard Kipling schrieb ausschließlich mit schwarzer Tinte.

Johann Sebastian Bach schrieb über den Caffee eine Kantate, Wolfgang Amadeus Mozart einen Kanon.

Der Maler Paul Gauguin arbeitete am Bau des Panama-Kanals mit.

Aischylos soll gestorben sein, als ihm ein Adler eine Schildkröte auf den Kopf fallen ließ.

US-Panzergeneral Patton glaubte, daß er bereits sechsmal gelebt habe, darunter einmal als Soldat im Heer Alexanders des Großen und einmal als vorgeschichtlicher Krieger.

›Der Denker‹ von Rodin stellt ein Porträt Dantes dar.

Henry Ford soll den Sterbeatem Edisons in einer versiegelten Flasche aufbewahrt haben.

Kardinal Mezzofanti soll 114 Sprachen und 72 Dialekte gesprochen haben, darunter Kölsch.

James Joyce schrieb jenen großen »inneren Monolog« der Molly im ›Ulysses‹, der ihn so berühmt machte, aus Liebesbriefen seiner Lebensgefährtin Nora Barnacle an ihn ab.

Ehe Samuel Langhorne Clemens sich Mark Twain (»2 Fuß Tiefe«) nannte, hatte Isaiah Sellers, ein Journalist, der ebenfalls als Mississippi-Lotse gearbeitet hatte, dieses Pseudonym geführt.

Elizabeth I. besaß über 80 Perücken.

Kuckucks eiern in fremde Nester.

Charles I. wurde als einziger König Englands geköpft.

1457 verbot König James II. von Schottland Fußball und Golf, da seine Männer dadurch von dem sehr viel wichtigeren Üben mit dem Bogen abgehalten würden.

In England ist Elizabeth II. Anglikanerin, in Schottland Presbyterin, in beiden Ländern Oberhaupt der Kirche.

Albrecht Altdorfer schuf um 1522 die ›Donaulandschaft mit Schloß Wörth‹.

Edward VIII. ist der einzige englische König, der nie gekrönt wurde.

George V. war ein berühmter Briefmarkensammler.

Sechs Tansanier tranken Insektizide gegen ihre Würmer; alle starben.

Der Bonner Moses Hess »erfand« den Kommunismus; deshalb veröffentlichte die Akademie der Wissenschaften der DDR nur diejenigen seiner Schriften, die sich mit dem Zionismus beschäftigen.

Der Bonner Moses Hess »erfand« den Zionismus; deshalb veröffentlichte ein Professor der Universität Tel Aviv nur diejenigen seiner Schriften, die sich mit dem Kommunismus beschäftigen.

Moses Hess bekehrte in Bonn den Trierer Hegelianer Karl Marx zum Kommunismus und machte ihn zum Redakteur der ›Rheinischen Zeitung‹.

Moses Hess bekehrte in Elberfeld den Industriellensohn Friedrich Engels zum Kommunismus.

Moses Hess machte Karl Marx mit Friedrich Engels bekannt.

Moses Hess übersetzte in Paris Marx' ›Das Kapital‹ ins Französische, schrieb danach die grundlegende Kritik am ›Kapital‹, und Marx sprach nie mehr ein Wort mit ihm.

Im Arabischen gibt es etwa 1000 Worte für Kamel.

Jeder sechste Brite ißt mindestens einmal täglich Senf.

Hegel gewann seinen Ruf als Philosoph u.a. durch Erkenntnisse wie die, daß China als Land ohne historische Entwicklung außerhalb der Geschichte liege und daher eines Tages von Europa unterworfen werden würde.

407 verließ der letzte römische Soldat England.

Der französische Schriftsteller Emile Zola hatte zwei Familien: eine mit seiner Frau und eine mit seiner Geliebten. Er lebte mit beiden.

Florence Nightingale war schwere Hypochonderin; als sie 1856 von der Krim zurückkam, erzählte sie jedem, daß sie ein tödliches Herzleiden habe, zog sich ins Bett zurück und verbrachte dort die restlichen 54 Jahre ihres Lebens.

Nachdem Charlie Chaplins Anti-Nazi-Satire ›Der Große Diktator‹ im Dritten Reich verboten worden war, beschaffte Hitler sich eine Kopie und sah sie zweimal an.

1567 stolperte der Mann mit dem längsten Bart Europas über ihn, stürzte die Treppe hinab und brach sich das Genick.

Elizabeth I. besaß die erste Armbanduhr.

Die Chinesen sind leidenschaftliche Briefmarkensammler.

Die erste Badewanne in den USA besaß Benjamin Franklin.

Cromwells Soldaten prügelten Sir Arthur Aston, einen königstreuen Offizier, mit seinem eigenen Holzbein zu Tode.

Auch Lewis Carroll schrieb die meisten seiner Bücher stehend.

Die ersten Raucher auf deutschem Boden waren, im Jahre 1620, englische Soldaten auf dem Marsch nach Prag.

1909 wählte man in Hamburg mit der Berlinerin Gertrud Dopieralski als »Gerda Sieg« erstmals eine Schönheitskönigin, »die schönste Frau der Welt«.

Legationsrat Emil Krebs sprach 70 Sprachen und kannte 30 weitere.

Enrico Rastelli konnte als bisher einziger mit 10 Bällen gleichzeitig jonglieren.

Theodor Freiherr von Neuhof, ein Abenteurer aus Lüdenscheid im Sauerland, herrschte mit türkischer Hilfe 1736–1738 als einziger König Korsikas, von dem die Geschichte weiß.

Die schöne Gräfin Katharina, illegitim durch den Herrn Pfarrer im Schoße einer Bauersmagd gezeugt, wurde die dritte Frau des Grafen von der Marck und ruht heute zu Mayschoß in einem der schönsten Sarkophage aus schwarzem Marmor, von der Bevölkerung immer noch familiär-respektvoll als »die schwarze Möhn« verehrt.

Otto III. starb 1002 in Italien.

1500 dichtete der Laacher Mönch Johannes aus Andernach die schönste Fassung der Genoveva-Legende, deren historische Vorbilder wohl im 6. Jahrhundert im Maifeld lebten.

Severin Hallerbach begann 1839 in der väterlichen Loh-Mühle, dem Jahr des Tunneldurchbruchs, den Ausbau des Hauses zum Gasthof und eröffnete damit die Zeit des Fremdenverkehrs im Ahrtal. Gott verzeihe ihm!

Pola Negri war die erste Hollywood-Schauspielerin, die Nagellack trug.

In den USA traten seit 1960 insgesamt 120 private Massenmörder auf, in der übrigen Welt nur 40.

1848 zählte San Francisco 800 Einwohner, nach der Entdeckung des kalifornischen Goldes sank die Zahl binnen einer Woche auf 7.

Als George Washington Oberbefehlshaber der US-amerikanischen Streitkräfte war, lehnte er ein Gehalt ab und arbeitete gegen Erstattung der Unkosten; das brachte ihm 400000 Dollar mehr ein, als sein Gehalt betragen hätte. Als er Präsident der USA wurde, bot er wiederum Verzicht auf Gehalt gegen Erstattung der Unkosten an; diesmal verweigerte der Kongreß seine Zustimmung und bestand auf einem regulären Gehalt.

Zu den weithin bekannten und also ungelesenen Büchern gehört die ›EIFLIA ILLUSTRATA oder geographische und historische Beschreibung der Eifel von Johann Friedrich Schannat. Aus dem Lateinischen Manuscripte übersetzt; mit Anmerkungen und Zusätzen bereichert, nebst vielen Abbildungen von Althertümern, Sigillen und Wappen, herausgegeben von Georg Bärsch, Königl. Preuß. Landrathe des Kreises Prüm, Königl. Preuß. Rittmeister a. D.; Hanseatischem Major a. D., Ritter des Kaiserl. Russischen St. Wladimir-Ordens vierter Classe, mehrerer gelehrten Gesellschaften Ehrenmitgliede‹.

Merowech ließ sich um 440 im heutigen Tournai nieder und begründete die Dynastie der Merowinger, eine Despotie durch Mord gemildert, aus der die heutige Weltordnung entstand.

Als der Arzt Manichaeus den Sohn des persischen Königs nicht heilen konnte, wurde er lebend gehäutet und an die Hunde verfüttert.

Die Leiche Alexanders des Großen wurde in einem Faß Honig konserviert.

Blaustrümpfe trugen ursprünglich die männlichen Mitglieder eines Londoner Literaturclubs als Clubausweis.

Thomas Otway war in Gefahr zu verhungern. Ein Unbekannter schenkte ihm ein Goldstück. Thomas Otway kaufte sich Brot und erstickte daran.

Zwar spricht die Bibel fünfmal von Noahs Frau, nennt aber nie ihren Namen.

Der Engländer Charles Wells sprengte bei seinem ersten Besuch in Monte Carlo die Bank.

Johannes der Evangelist war der einzige der zwölf Apostel, der eines natürlichen Todes starb.

Nero war wie Errol Flynn Olympiateilnehmer: Flynn als Boxer, Nero als Wagenlenker.

Harvey Kennedy erfand die Schnürsenkel und wurde dadurch reich.

Den ersten bekannten Kaiserschnitt führte 1500 ein Mann durch, der das Handwerk des Eberkastrierers ausübte.

Den klassischen Satz »Kilroy was here« schrieb erstmals der Schiffbauinspektor James Kilroy während des Zweiten Weltkriegs an alle Bauteile in den Werften, die er inspiziert hatte.

Die Parkuhr erfand 1935 Carl Magee.

Mickey Mouse erhielt 1933 mehr Fan-Post als jeder lebende Schauspieler.

Walt Disney hieß in Wirklichkeit Walter Elias.

Kaiser Menelik II. von Äthiopien pflegte, wenn er sich krank fühlte, einige Seiten aus der Bibel zu verspeisen. Zuletzt aß er das ganze Buch der Könige. Danach starb er.

Somerset Maugham, Walt Disney und Ernest Hemingway fuhren während des Ersten Weltkriegs Sanitätsfahrzeuge.

Königin Christine von Schweden hatte eine winzige Kanone, mit der sie nach Flöhen schoß.

1966 schaffte Papst Johannes XXIII. den Index ab, das Verzeichnis jener Bücher, die zu lesen Katholiken bei Kirchenstrafe verboten war, wenn sie sich keine Sondergenehmigung beschafft hatten.

1888 schloß Alfred Graf von Schlieffen mit Italien eine Eisenbahnkonvention ab.

Als der Gotenkönig Alarich 408 Rom belagerte, gehörte zu seinen Tributforderungen auch die nach 1400 kg Pfeffer.

Als der ägyptische Pharao Meneptah 1300 vor Christus die Libyer besiegte, führte er als Siegeszeichen 1300 abgeschnittene Penisse der Besiegten mit sich.

Tolstois berühmtester Roman ›Krieg und Frieden‹ hieß ursprünglich ›Ende gut – alles gut‹.

Robert Louis Stevenson ist in Westsamoa begraben.

Rembrandt malte über 60 Selbstporträts.

1800 veröffentlichte Claude St. James ein Buch ›Wie gewinne ich beim Pokern‹. Eine Gruppe Geschäftsleute stattete ihn mit 1 Million Pfund aus, sie beim Pokern zu vermehren. Claude St. James verlor alles.

Ein Nigerianer erklärte sich bereit, den Zaubertrank eines Zauberers auszuprobieren, der kugelfest machen sollte. Er trank. Der Zauberer schoß. Der Mann fiel tot um.

Maurice Ravel komponierte in 42 Jahren insgesamt 19 Stunden Musik.

Balzac starb an Koffeinvergiftung: Er trank pro Tag 50 Tassen starken schwarzen Kaffee.

James Bartley wurde 1891 von einem Wal verschluckt, überlebte 2 Tage in dessen Magen und starb erst 1926.

Tschinggis Chan eroberte zu Lebzeiten mehr Land als irgendein anderer Herrscher.

Der indische Dichter Sri Chinmoy produzierte 1975 an einem Tag 843 Gedichte.

John Dillinger beraubte in einem Jahr mehr Banken als Jesse James in sechzehn.

König Ahmed Zogu I. von Albanien rauchte 240 Zigaretten pro Tag.

(Mount) Goethe wurde der höchste Gipfel des Glacier Divide in California 1949 zum 200. Geburtstag von Johann Wolfgang von Goethe getauft.

(Mount) Haeckel wurde 1895 von T. S. Solomons zu Ehren des bestgekannten deutschen Darwinisten Ernst Haeckel in der Evolution Group in California so getauft, zugleich mit den 5 weiteren Gipfeln Darwin, Huxley, Spencer, Wallace und Fiske im Kings Canyon National Park.

Walter Hunt erfand die Sicherheitsnadel binnen 4 Stunden aus Angst vor dem Gefängnis: er hatte sich Geld geliehen, um eine Erfindung zu machen, die klappte nicht; der Geldverleiher gab ihm am Fälligkeitstag 30 cm

Draht mit der Aufforderung, daraus binnen 24 Stunden etwas Nützliches zu erfinden, oder in Schuldhaft zu gehen.

Weimar in California heißt so nicht nach dem thüringischen Weimar, sondern wurde zu Ehren des Oleepa-Häuptlings Old Weimah so genannt, später dann aber anders geschrieben.

Graf Cavour, der Einiger Italiens, hat geglaubt, daß die Sizilianer arabisch sprächen.

Helmut Kohl, Vorsitzender der CDU, über den Bundeskanzler Helmut Kohl: »Ich weiß, daß ich 1945 Fünfzehn war und 1953 Achtzehn.« »Ich behaupte nicht, daß ich ein guter Bundeskanzler bin. Ich will vor der Geschichte einer werden.« »Mein Problem ist immer dann gering im Entscheiden, wenn ich allein die Kompetenz und die Zuständigkeit habe. Dann bin ich sehr rasch und sehr entschieden, in jeder Weise sofort entschieden.« Und zusammenfassend: »Ich habe damals ja nicht gewußt, daß ich einmal Bundeskanzler werde. Jetzt bin ich es. Und in 11 Jahren ist das Jahrhundert, das soviel Elend gebracht hat, zu Ende.«

Fürst Ligne, von einer seiner zahlreichen Kampagnen zurückkehrend, antwortete auf die Frage seiner Eheliebsten: »Sind Sie mir denn auch treu gewesen, mein Freund?« ehrlich: »Oft.«

Zum guten Schluß.

Wenn man jedoch solcherlei Elementarteilchen des Wissens kaleidoskopisch schüttelt, können ebenso hübsche wie unartige Geschichten daraus entstehen, wie zum Beispiel hier:

Von Karrieren, wie jener des englischen Geheimdienstpriesters Robert, welcher zunächst Diplomat, dann, vom Papst gebannt, Fremdenlegionär und Tempelritter, der beim Glücksspiel alles verliert, vom mongolischen Geheimdienst nach Karakorum zu Tschinggis Chan verschleppt wurde, dort mithilft, die Eroberung Europas vorzubereiten, vor Wiener Neustadt gefangengenommen, peinlich verhört und wahrscheinlich verbrannt wurde.

Zwischen spätestens 1190 und 1242 spielte sich – durch englische, arabische, ungarische zeitgenössische Dokumente ausreichend direkt bzw. indirekt belegt und durch französische und italienische bekräftigt – folgendes ab. Zu Beginn ward aus unordentlicher aber wohl hochstehender Zeugung zu Engeland ein Knabe geboren, der sich später als mit zusammengewachsenen Fingern, einem Arm länger als der andere und jüdischen Aussehens beschrieb. Er dürfte als Findelkind mit unsichtbarer Protektion in einem Kloster aufgewachsen und ausgebildet worden sein (vielleicht St. Alban's.). Um 1209 tritt er erstmals als Kleriker Robert in Diensten des Königs Johann ohne Land in Erscheinung, als dessen Zwangsverwalter von St. Alban's. 1211 ist er wichtigstes Mitglied einer Geheimmission seines Königs an den in Sevilla residierenden »Kaiser von Spanien und Afrika«, den Almohaden-Emir Muhammad an-Nassir, der damaligen europäischen Publizistik als »Admiral Murmelin« o. ä. bekannt. Die Gesandtschaft hat dem Emir in der ungemein gespannten Lage des Königs dessen Angebot einer Allianz zu unterbreiten, für die der König bereit sei, dann mit seinem Volk zum Islam überzutreten. Der Emir lehnt ab. Nach Roberts Bericht über diese Geheimmission, mit dem er sich offensichtlich den Schutz mächtiger Feinde des Königs erkaufen wollte und von dem die bis heute nachhallende *leyenda negra* Johann betreffend ausging, fällt sein Name direkt nicht mehr. Wohl aber gehört zu den 1213 vom Papst gebannten Engländern, die deshalb ihre Flucht unter das Zeichen der Tempelritter nehmen müssen, der »Kaplan R.« des Anführers des Baronsaufstandes. Diese »Kreuzfahrer« gehen von Genua nach Damiette, wo sich damals u.a. Ungarns König Andreas mit seinen Rittern und unter den Reichsfürsten der Herzog Leopold von Österreich aufhalten; kurz danach zwingen ungarische Adlige ihrem König die Andreanische Konstitution ab, die verblüffende Ähnlichkeiten mit jener englischen Magna Charta aufweist, um deretwillen die englischen Barone gebannt wurden. Alle gebannten Engländer erkaufen sich nach und nach die Gnade der Kirche und dürfen zurückkehren; unter den Zurückkehrenden fehlt einer namentlich: »Kaplan R.«. Um 1220 verliert ein namenloser Engländer, »wegen unnennbarer Verbrechen aus seinem Vaterland verbannt«, als Kreuzritter in Akko beim Glücksspiel alles und wird deshalb aus dem Kreuzfahrerheer ausgestoßen. Er irrt, die Sprachen der Lande lernend, durch den Vorderen Orient, bis ihn der mongolische Geheimdienst aufgreift und – wohl über die venezianische Station auf der Krim – an den Hof Tschinggis Chans zu Karakorum transportiert. Dort war er offensichtlich mit Geheimdienstarbeiten in der Reichskanzlei befaßt und wurde, wohl nach jenem Großen Kurial tai, der 1235 die Eroberung Europas beschloß, mit der Vorbereitung dieses Unternehmens beauftragt; penibel sind die diplomatischen Aktionen, die er in diesem Zusammenhang unternahm, beschrieben. 1236 traf der ungarische Dominikaner Julian an der Wolga einen namenlosen »Gesandten des Tartarenfürsten, der Ungarisch, Russisch, Kumanisch, Deutsch, Arabisch und Tartarisch verstand. Der teilte mit, daß das Tartarenheer... gegen Deutschland zu Felde ziehen wolle...« Kurz danach taucht ein »englischer Tempelritter« beim ungarischen König Bela IV. auf, der diesen in Ungarisch über die bevorstehenden Gefahren unterrichtet. Die Berichte über die Schreckensherrschaft der Mongolen in Ungarn wissen einerseits von der verblüffenden Ortskenntnis der mongolischen Reiter zu berichten, die den flüchtigen Bela bis in die Inselwelt der Adria zu verfolgen vermögen, und andererseits davon, wie ein von den Mongolen gefälschtes Handschreiben Belas die geflohenen Ungarn aus ihren Verstecken und in den teilweisen Untergang lockt. All das – die diplomatischen Aktionen, die Sprachkenntnisse des Gesandten des Tartarenfürsten (Arabisch-Kenntnisse werden sich bei einer Mission an den Hof zu Sevilla ebenso wie bei Wanderungen durch den Vorderen Orient nützlich gemacht haben, »Deutsch« könnte damals auch für einen Ungarn das Englische erschienen sein), die Ungarisch-Kenntnisse des englischen Tempelritters (die während des Kontaktes mit ungarischen Kreuzrittern in Damiette hätten erworben werden können, bei welchen Konversationen Mitteilungen über den Inhalt der Magna Charta vermittelt worden sein können), die genauen Kenntnisse über Belas Fluchtweg (die nicht allgemein bekannte, aber übliche Route aus Ungarn nach Ravenna/Rom), die für die Adressaten – katholische Geistliche Ungarns – glaubwürdige Fälschung einer Bela-Handschrift –, all das läßt auf das Wirken eines europäischen, hochgeschulten und kenntnisreichen Geistes beim mongolischen Geheimdienst schließen. 1242 wurde jener vor Akko wegen unglücklichen Glückspiels aus dem Kreuzfahrerheer ausgestoßene namenlose Engländer vor Wiener Neustadt von den dort versammelten Fürsten bei einem Rekognoszierungsritt in Begleitung von acht Tataren (oder beim Versuch, nach Europa zurückzufliehen?, in Begleitung von acht Kumanen?) gefangen, peinlichen Verhören unterzogen und, nach vollem Geständnis, wahrscheinlich verbrannt. Auch wenn nicht belegbar ist, daß jener tonsurierte Kleriker Robert von der Sevilla-Mission, jener mitgebannte »Kaplan R.«, jener wegen unnennbarer Verbrechen verbannte namenlose Engländer von Akko und Wiener Neustadt, jener so sprachkundige Gesandte des Tartarenfürsten an der Wolga, jener Ungarisch sprechende englische Tempelritter bei Bela IV., daß es sich immer um einen und denselben handelt (wie aber hätte der österreichische Herzog in Wiener Neustadt in dem Gefangenen den »wegen unnennbarer Verbrechen verbannten Engländer« erkennen können, wenn nicht z. B. aus der Zeit der persönlichen Begegnung zu Damiette?), so passen die Versatzstücke doch so gut zueinander, daß sie zumindest einen exemplarischen außergewöhnlichen Lebenslauf ergeben, mag er auch aus mehreren Realbiographien bestehen. Exemplarisch in zwei Beziehungen: wie weit einerseits die Mongolen ihre Fäden spannen und wie »klein« die von ihnen überschaute Welt für sie war, wie erbarmungslos andererseits die Machtspiele der Großen die kleinen Bauern auf dem Brett opferten und im Zweifelsfall für Dinge lebend verbrannten, für die eigentlich die jeweiligen Großen die alleinige Verantwortung trugen – doch die wollte man natürlich so nicht anrühren. Drittens aber auch: welch ein ungeheures und unheimliches Material in den mittelalterlichen Chroniken bis heute dem Publikum weitgehend unbekannt schlummert. (Indirekt übrigens enthält der Bericht über das Schicksal des in Wiener Neustadt verbrannten Engländers die erste persönliche Biographie eines mittelalterlichen Menschen – also keine Rollenbiographie –, und zugleich die erste ebenso persönliche Autobiographie: des namentlich bekannten Berichterstatters, nämlich Yvos von Narbonne.)

VII. Von der schönsten Sache auf Erden

»Ich liebe Dich!«
(ältester und wirkmächtigster anonymer Dichter)

»Omne animal post coitum triste.«
(nach Aristoteles?)

»Ach du liebes Gottchen
behüte unser Lottchen
vor Hunger, Not und Sturm
und vor dem bösen Hosenwurm. Amen«
(Kurt Tucholsky)

»Die Durchsicht der Geschichte der Liebe erhellte in diesem Zusammenhang den Problemhorizont passioneller Liebe: die Spannung und Diskrepanz zwischen Exzeß und Dauerhaftigkeit. Der Exzeß als steigerungsbedürftiges Phänomen ist wegen wachsender Erwartungsstrategien des Partners der Regel von Juridifizierung unterworfen und erweist sich so – kraft seiner ontologischen Strukturierung – der Logik institutionaler Dauerhaftigkeit entgegengesetzt, wobei die Romantik in diesem Zusammenhang vor allem als Verlagerungspotential ethischer Irrationalität in den Bereich humaner Metaphysik fungiert. Gleichwohl erreicht sie im Zuge ihrer Entlastungswirkung grenzziehende und deshalb identitätsstabilisierende Qualitäten im kollektiven Interpenetrationsprozeß.« (Wolfgang Eckstein, Zur sozialen Codierung von Intimität – Liebe als Interaktionsmedium. Dissertation Bamberg, 1987.)

»Zur Zeit sind 110 Millionen Kondome im Umlauf.« (Klaus Richter, Vorsitzender der Deutschen Latex-Forschung)

Im Alten Rom galt der Rechtssatz: mater certa – pater incertus.

Der Code Napoléon verbot, Vaterschaftsnachforschungen zu unternehmen.

Die Kirche ist ohne Zweifel die Mutter des Abendlandes: Zahl und Art der Väter sind ungewiß.

Die Amtskirche benimmt sich gegenüber der Liebe wie der Teufel gegenüber dem Weihwasser.*

Der mährische Biologielehrer zu Brünn, Pfarrer Gregor Johann Mendel, entdeckte als erster die Gesetze für die Vererbung einfacher Merkmale.

Thomas Hunt Morgan entdeckte als erster die Gesetze der geschlechtsgebundenen Vererbung.

Das russische Adelsgeschlecht der Dolgorukow betrachtete sich als Nachkommenschaft Rjuriks.

Der Penis des Elefanten gilt als größter der heutigen Lebewesen; er wiegt im Durchschnitt 60 Pfund.

---

* Auch hier gilt, was ich schon am Fuße der Seite 10 gesagt habe.

Karl Marx war mit Friedrich Engels' Geliebter nicht einverstanden, weil sie ihm zu gewöhnlich war.

Würmer sind die wahren Hermaphroditen: Jeder Wurmkörper weist je einen Satz der Fortpflanzungsorgane beider Geschlechter auf.

Katharina de Medici ließ ein Loch in den Fußboden ihres Schlafzimmers bohren, durch das sie zusehen konnte, wie ihr Eheherr im Zimmer unter ihrem mit seiner Geliebten die Liebe vollzog.

David Renwick in Sheffield/Großbritannien fertigt noch immer eiserne Keuschheitsgürtel auf Bestellung und nach Maß an.

Da Heinrich VIII. mindestens sechs Ehefrauen hatte, erscheint es logisch, daß seine Rüstung im Londoner Tower an angemessener Stelle den größten Schrotel (Latz) von allen aufweist.

In den 70er Jahren beriet die Legislative des US-Staates Rhode Island eine Gesetzesvorlage, daß pro Sexualakt innerhalb der Staatsgrenzen eine Steuer von 2 Dollar zu entrichten sei.

Königin Viktoria hat als erste Frau Chloroform benutzt, um die Schmerzen der Niederkunft zu lindern.

Winston Churchill wurde im Umkleideraum für Damen geboren, da bei seiner Mutter die Wehen während eines Tanzes in Blenheim Palace eingesetzt hatten.

Im alten Rom legten die Männer bei der Leistung eines Eides die Hand an die Hoden, die Testikel, daher das Wort testimonium, Zeugnis, welch deutschem Wort ja ähnliche Verwandtschaft anzusehen ist.

Während Raymond Chandler seine Romane tippte, pflegte seine Frau Cissy ihre Hausarbeit nackt zu erledigen.

Anne Bonnys Busen roch nach irischem Lenz.

Der Busen ist die Kluft zwischen zwei Brüsten.

Man vergleiche die Anzahl von Kindern, die eine gesunde Frau während der Zeit ihrer Fruchtbarkeit auf natürlichem Wege empfangen, austragen und gebären kann, mit der, die ein gesunder Mann auf natürlichem Wege zeit seines Geschlechtslebens zeugen könnte, und erkenne die statistische Bedeutungslosigkeit der männlichen Bevölkerungshälfte für das Überleben der Rasse (daher sie sich für ihren Gen-Egoismus überflüssige Probleme schafft, aus deren Lösung die Gen-Träger dann ein Ersatzbewußtsein und Ersatzbefriedigungen schöpfen können).

Die Hochzeit von Heristal verband Ansegisel von Metz (den Sohn des Bischofs Arnulf von Metz) und also die ardennischen Arnulfinger mit Bertha (der Tochter Pippins des Alten) und also den eiflischen Pippiniden zum Großelternpaar Karls des Großen und also Eifel und Ardennen zur Grundlage karolingischer Hausmacht.

Die Leistung männlicher Spermien auf der Reise zum weiblichen Ei entspricht der Leistung eines Menschen, der durch einen Sirupatlantik von Europa zu den Küsten der USA schwömme.

Der englische Kunstkritiker John Ruskin war in der Hochzeitsnacht vom Anblick der Schamhaare seiner Frau, dergleichen ihm bis dahin unbekannt geblieben war, so schockiert, daß er das Bett verließ; die Ehe wurde nie vollzogen.

Carolyn und Ralph Cummins bekamen zwischen 1952 und 1966 insgesamt 5 Kinder; sie wurden jeweils am 20. Februar geboren.

Gorgias von Epirus wurde während der Beerdigung seiner Mutter geboren.

Der längste Kuß der Filmgeschichte ereignete sich 1941 im Film ›You're in the Army Now‹ zwischen Jane Wyman und Reg Toomey: 3 Minuten und 5 Sekunden.

Als Ergebnis zahlreicher Umfragen darf als gesichert gelten, daß für die meisten Frauen an einem Mann ein Paar eleganter kleiner Pobacken das sexuell erregendste Detail des Körpers darstellt.

Völker des Ostens glauben, daß zermahlene Nashornhörner ihre sexuelle Potenz steigern können.

Als meistgesungenes Lied auf Erden gilt ›Happy Birthday to You‹; das Copyright endet erst 2010.

Der erigierte Penis des Kaninchenflohs ist der komplizierteste aller bekannten Penisse.

Wenn man errötet, erröten auch die Magenwände.

Samuel Pepys berichtet in seinem Tagebuch, daß seine Frau sich oft beschwerte, weil er morgens so gerne die Brüste ihrer Mägde drückte. Außerdem bekennt er eine Vorliebe für die Lektüre pornographischer Bücher.

Vor vielen Jahrhunderten setzten sich Frauen Orangenschalen als Empfängnisverhütungsmittel ein.

Der berühmte englische Dichter Wystan H. Auden war homosexuell, erklärte sich aber bereit, Thomas Manns Tochter Erika zu heiraten, damit sie einen britischen Paß bekomme; man sah sich am Hochzeitstag zum ersten Mal.

Als Georg I. von Hannover 1714 König von England wurde, kam seine Frau nicht als Königin mit ihm, sondern wurde von ihm des Ehebruchs angeklagt und die folgenden 32 Jahre in Hausarrest gehalten.

Im Mittelalter glaubten manche Puristen, daß Frauen ihre Ohren bedeckt halten müßten, weil die Jungfrau Maria durch die Ohren empfangen habe.

Wenn im alten Peru eine Frau eine mißwachsene Kartoffel im Boden fand, galt es für angebracht, diese dem nächsten Mann ins Gesicht zu werfen.

Iwan der Schreckliche rühmte sich u.a., über 1000 Jungfrauen defloriert und anschließend die daraus entstandenen Kinder abgeschlachtet zu haben.

Im 17. Jahrhundert ließ ein türkischer Sultan einmal seinen ganzen Harem ertränken; anschließend legte er sich einen neuen zu.

Der französische Schriftsteller Stendhal holte sich im Alter von 28 Jahren bei seiner ersten Geliebten die Syphilis und litt darunter bis an sein Lebensende.

Eine Auster kann ihr Geschlecht während ihres Lebens viele Male ändern.

Nur in Äquatorialafrika gehen Witwen zur Beerdigung in Sack und Asche.

Bei manchen Indianervölkern gilt das Menstrualblut von Jungfrauen als heilig.

König Ethelred der Unfertige, Herrscher Englands im 10. Jahrhundert, ward in seiner Hochzeitsnacht im Bett mit Frau und Schwiegermutter angetroffen.

Katharina die Große ließ Kandidaten für ihr Bett zunächst von ihrem Leibarzt untersuchen und sodann von einer ihrer Hofdamen ausprobieren und nahm sich einen neuen Liebhaber erst dann, wenn beide Prüfer zufriedenstellend berichtet hatten.

Männliche Prostituierte im alten Rom kratzten sich mit dem mittleren Finger am Kopf, um so ihren Beruf bekannt zu geben.

Die italienische Polizei sprengte einst einen Callgirlring, dem ausschließlich Großmütter angehörten.

Die männlichen Geschlechtshormone sind im Herbst und Winter am lebendigsten.

Eine Wasserballmannschaft zählt sieben Mitspieler.

Der männliche kalifornische Seeotter packt während des Kopulierens den weiblichen kalifornischen Seeotter mit dem Maul bei der Nase.

Kaiser Louis Napoléon hatte einen immensen Verbrauch an Prostituierten, die ihm seine Frau besorgte, die zugleich darüber wachte, daß die dienstwilligen Damen zunächst gründlich gewaschen wurden, und die sie sodann anwies, während des Aktes das Antlitz des Kaisers nicht zu berühren.

Im Alten Griechenland wurde das Alter einer Frau vom Tag ihrer Hochzeit an gezählt.

Rainer Maria Rilke wurde während seiner ersten sechs Lebensjahre von seiner Mutter wie ein Mädchen angezogen und Sophie genannt.

Des Menschen Herz schlägt während einer lebhaften Diskussion schneller als während des Geschlechtsaktes.

Die größte Zelle des menschlichen Körpers ist das weibliche Ei, die kleinste der männliche Same.

Kater haben Widerhaken an ihren Penissen, weshalb Katzen beim Rückzug des Liebhabers meist schreien.

Peter der Große ließ dem Liebhaber seiner Frau den Kopf abschneiden und in Alkohol in einem Gefäß konserviert der Zarin ans Bett servieren.

Benito Mussolini wurde aus dem Internat verwiesen, weil er einem Mitschüler in den Hintern stach.

1971 kam bei Christie's in London der Penis Napoleons zur Versteigerung; der geforderte Mindestpreis wurde nicht geboten.

Als Papst Paul IV. die nackten Gestalten in der Sixtinischen Kapelle sah, befahl er Michelangelo, die Gestalten entsprechend angezogen zu übermalen.

König Edward II. von England starb eines ungewöhnlichen Todes: sein homosexueller Liebhaber schob ihm ein glühendes Schüreisen in den Hintern.

Frank Lentini hatte 3 Beine, 4 Füße, 16 Zehen und 2 Geschlechtsorgane. Dennoch wurde er geheiratet und zeugte 3 gesunde normale Kinder.

Der französische Dichter Rimbaud gab mit 19 das Dichten auf und lebte fortan in einem Bordell in Djibouti als Waffenhändler des Negus.

Nachdem Königin Eleonore gestorben war, ließ König Heinrich II. an jeder Stelle, an der ihr Trauerzug Halt machte, ein Erinnerungskreuz errichten; das berühmteste dürfte Charing Cross in London sein.

Die Witwe von Sir Walter Raleigh trug seinen einbalsamierten Kopf bis zu ihrem Tode in einer Tasche mit sich herum.

Da man Königin Christine von Schweden zwang, den impotenten Herzog von Cadiz zu heiraten, verbrachte sie die Hochzeitsnacht mit einem Mitglied der Palastwache.

König Edward VII. unterhielt auf der Insel Rum vor der schottischen Küste ein Privatbordell.

1912 trat in den Folies Bergères zu Paris erstmals eine Frau auf der Bühne völlig nackt auf.

Jean-Jacques Rousseau wurde von seiner Adoptivmutter solange regelmäßig verprügelt, bis sie merkte, welchen Genuß ihm dies bereitete.

Lucrezia Borgia war bis zu ihrem 22. Geburtstag bereits viermal verheiratet.

1818 gab Thomas Bowdler einen ›Familienshakespeare‹ heraus, in dem alle Shakespeare-Stücke enthalten sind, aber unter Auslassung all jener Wörter neu geschrieben, die Bowdler obszön fand.

Die Weibchen des Großen Zwerglemuren auf Madagaskar gebären nur Drillinge.

Zwischen der Empfängnis und der Geburt nimmt das Gewicht eines Babys um das 5milliardenfache zu.

90% aller Inderinnen sind mit 20 verheiratet.

Ainu-Frauen bedecken ihren Mund mit der Hand, wenn sie zu einem Mann sprechen.

Schwarzmeerseewölfe sind in ihrer Jugend fast alle weiblich, viele wechseln aber mit 5 Jahren ihr Geschlecht.

In Nordsibirien zeigen Frauen Männern ihre Zuneigung an, indem sie sie mit Feldschnecken bewerfen.

Im alten China zeigte ein Mann einer Frau seine Zuneigung an, indem er ihren Fuß in die Hand nahm.

Giraffen zeigen ihre Zuneigung, indem sie einander die Hälse reiben.

Der Chemiker, der die Barbitursäure entdeckte, nannte sie nach seiner Frau Barbara.

Die alten Römer tranken auf das Wohl einer Frau, indem sie pro Buchstaben ihres Namens ein Glas Wein leerten.

Weibliche Ameisen tun alle Arbeit.

Über den sexuellen Bedarf der Filmschauspielerin Clara Bow wird berichtet, daß sie einmal während einer einzigen Session die gesamte Football-Mannschaft der University of Southern Californicia verbrauchte.

Lord Byron, einer der begehrtesten Liebhaber seiner Zeit, hatte einen Klumpfuß.

Römische Kinder trugen um den Hals Miniaturphalli als Schutz gegen Böses.

Die Chenchu in Indien glauben, daß nachts gezeugte Kinder blind geboren werden.

Eine Schwarze Witwe kann pro Tag bis zu 20 Ehegatten verbrauchen.

Über 50% aller Babys werden vor dem Frühstück geboren.

Der männliche Gottesanbeter kann mit seiner Frau noch kopulieren, wenn sie schon begonnen hat, ihn aufzufressen.

Giacomo Puccinis Frau war so eifersüchtig, daß sie ihm Brom in den Kaffee gab, um seine sexuellen Gelüste zu dämpfen.

Benjamin Franklin war Mitglied des Hellfire Clubs, der wüste Orgien und Schwarze Messen organisierte.

Die Mutter des Marquis de Sade war Nonne.

In bestimmten Gegenden Malayas halten sich Frauen männliche Harems.

Graf de Grisley war der erste Zauberer, der 1799 eine Frau auf der Bühne zersägte.

Der längste Maori-Ortsname lautet (83 Buchstaben): »Taumatawhakatangihangakoauotamateaturipukakapikimaungahoronukupokaiwhenuakitanatahu« = Der Felsgipfel, wo Tamatea, der Mann mit dem dicken Knie, der die Berge hinunterrutschte, hinaufkletterte und verschlang, der Entdecker des Landes, seiner Geliebten auf der Flöte vorspielte«. Die Kurzform lautet (57 Buchstaben): »Taumatawhakatangihangakoauauotamateapokaiwhenuakitanatahu« = Der Felsgipfel, wo Tamatea Pokai Whenua seiner Geliebten auf der Flöte vorspielte«.

Schnecken küssen sich vor dem Kopulieren.

Fjodor Dostojewskij und Scott Fitzgerald waren Fußfetischisten.

Peter der Große ließ seine Geliebte köpfen, nachdem er herausfand, daß sie ihn betrog. Doch liebte er sie so sehr, daß er ihren Kopf in einem Gefäß konservierte und bis zu seinem Tode in seinem Schlafzimmer aufbewahrte.

Männliche Adélie-Pinguine präsentieren ihrer Auserwählten einen Stein. Nimmt sie ihn an, wird das der Grundstein des Nestes. Dann stehen sie Brust an Brust und singen zusammen ein Liebeslied.

Als Lord Byron und Lady Caroline Lamb Liebhaber wurden, tauschten sie Locken ihrer Schamhaare.

Manche Schlangen können bis zu 24 Stunden kopulieren.

König Georg VI. von England hieß eigentlich Albert, nannte sich aber nach seiner Thronbesteigung George, um den Wunsch der Königin Victoria zu respektieren, daß kein britischer König je den Namen ihres geliebten Albert trage.

Papst Johannes XII. wurde von einem erzürnten Ehemann erschlagen, der ihn in flagranti mit seiner Frau ertappt hatte.

Marie-Antoinette und Ludwig XVI. vollzogen ihre Ehe sieben Jahre nach der Hochzeit.

Die Frauen der Tiwis im Südpazifik werden bei ihrer Geburt verheiratet.

Marlene Dietrich erklärte einmal, daß fast alle Frauen versuchen, den Mann ihrer Zuneigung zu ändern; wenn er sich geändert habe, höre ihre Zuneigung auf.

Alle Mitglieder des 20000-Club müssen »es« in Flugzeugen über 20000 Fuß Höhe getrieben haben.

Bevor Regenwürmer kopulieren, produzieren sie einen besonderen Schleim, mit dem sie sich aneinander festkleben.

In den USA ist der zweithäufigste Grund für Geschlechtsverkehr zwischen Heterosexuellen der Wunsch nach einem Baby.

Casanova berichtet lediglich über 132 Liebesaffären und hatte demnach bei weitem weniger als etwa Brigitte Bardot, Sarah Bernhardt oder Napoleon.

Weltweite Erhebungen beweisen, daß Männer üppige Frauen schlanken vorziehen.

Die Amazonen glaubten, daß Lahme die besten Liebhaber seien, und brachen deshalb ihren männlichen Gefangenen die Beine.

In China erschienen die ersten Sex-Handbücher vor 5000 Jahren.

Manche Einzeller haben bis zu 8 verschiedene Geschlechter.

Austern wechseln das Geschlecht je nach Wassertemperatur.

In 23 Staaten der USA ist Homosexualität gesetzlich verboten.

In viktorianischen Zeiten hatten Damen in ihrer Bibliothek Bücher von männlichen und weiblichen Autoren getrennt aufzustellen, ausgenommen Werke von miteinander verheirateten Autoren.

Kanadische Wissenschaftler haben herausgefunden, daß Frauen, die salzhaltige Kost vorziehen und viel Tee und Kaffee trinken, meist Knaben gebären, während bei Frauen, die viel Eier essen und lieber Milch trinken, die Mädchengeburten überwiegen.

Eine 1868 geborene Französin hatte zwei Becken und vier Beine, wurde aber geheiratet und gebar zwei gesunde und normale Kinder.

Im Englischen gibt es etwa 600 Slangwörter für Penis.

James Boswell verabredete sich am liebsten im St. James Park mit Prostituierten.

Ein Gesetz aus dem 16. Jahrhundert erlaubt es englischen Ehemännern, ihre Frauen zu verprügeln – aber nur vor 10 Uhr vormittags.

Bei Eskimos ist die Gastprostitution der Frauen und Töchter anerkannte Sitte.

Emu-Weibchen lieben Emu-Männchen, weil diese die Eier bebrüten.

Im alten Griechenland pflegten die Prostituierten Sandalen zu tragen, in deren Sohlen die Worte »Folge mir« eingeschnitten waren, die sich dann in den Staub der Straßen drückten und so den Klienten den rechten Weg wiesen.

1631 verurteilte König Charles I. die Drucker Barker und Lucas zu einer Strafe von 1000 Pfund, weil sie in einer Bibelausgabe in Vers 14 Kapitel 20 des Buches Exodus ein entscheidendes Wort ausgelassen haben: bei ihnen heißt es »Du sollst die Ehe brechen«.

Im georgianischen England betrachteten Männer Löwenhoden als wirkmächtigstes Aphrodisiakum.

Eugène Sues Geliebte vermachte ihm in ihrem Testament ihre Haut, damit er sich damit sein Lieblingsbuch binden lasse. Er tat es.

Katharina die Große verordnete gegen Schlaflosigkeit sechsmal täglich Geschlechtsverkehr.

45% aller US-Männer lieben die Liebe bei Licht, aber nur 17% aller US-Frauen.

Der erste Hochzeitstag heißt Papierene Hochzeit.

1868 waren laut einem königlichen Bericht 90% aller Frauen in Schottland am Tag ihrer Hochzeit schwanger.

Der Staat Vatikan-Stadt weist die geringste Geburtenrate aller Staaten auf.

Am Hofe des Königs James I. gingen junge Damen oben ohne als Zeichen ihrer Jungfräulichkeit.

Die schöne schottische Prostituierte Mary Paterson wurde von Burke und Hare ermordet, die ihre Leiche einem Doktor als Seziermaterial verkauften; er aber war von ihrer Schönheit so angetan, daß er sie zunächst drei Monate in Whisky konservierte.

Katharina die Große nahm sich mit 60 einen 22jährigen Liebhaber.

Laura Bell war Londons teuerste Prostituierte. Dann erfuhr sie einen Sinneswandel, heiratete einen Bischof und wurde eine bekannte Predigerin.

Martin van Butchell und seine Frau haßten einander zutiefst. In ihrem Testament verfügte sie, daß ihr gesamtes Vermögen im Augenblick ihrer Beerdigung an einen entfernten Verwandten falle. Also ließ Martin ihre Leiche einbalsamieren und stellte sie jeden Tag im Atelier seines Hauses dem Publikum zur Ansicht aus.

Alfred Kinsey berichtet von einem Mann, der 30 Jahre lang jeden Tag mit mindestens fünf verschiedenen Frauen schlief, nie ein zweites Mal mit einer.

Der größte Filmliebhaber aller Zeiten, Rudolph Valentino, war seiner Frau so unangenehm, daß die Ehe nie vollzogen wurde.

Marylin Monroe pflegte sich ihre Schamhaare zu bleichen.

Nach Kinsey üben nur 4% aller Frauen den Coitus häufig stehend aus.

Bei den Dreharbeiten des Films ›Caligula‹ fand eine der gefilmten Orgien tatsächlich statt.

Als George Sand ihren Liebhaber Alfred de Musset verließ, rächte er sich, indem er über sie den pornographischen Roman ›Gemiani‹ schrieb.

Truman Capote schrieb nur auf gelbem Papier.

Der König von Tonga hatte früher die Amtspflicht, jede Jungfrau zu deflorieren; mit 80 tat er das jede Woche noch achtmal.

Die alten Griechen glaubten, daß Beischlaf bei Nordwind Knaben, bei Südwind Mädchen zeuge.

Bis zu Beginn des 20. Jahrhunderts ließen die meisten Ägypter ihre Bräute von bezahlten Dienern deflorieren.

Nachdem ein junger Mann aus Coatesville/Pennsylvania sich zwei Jahre lang bemüht hatte, die Dame seines Herzens durch tägliche Liebesbriefe für sich zu gewinnen, gab sie im Sommer 1988 ihr Ja-Wort dem Postboten.

Zum guten Schluß.

Wenn man jedoch solcherlei Elementarteilchen des Wissens kaleidoskopisch schüttelt, können ebenso hübsche wie unartige Geschichten daraus entstehen, wie zum Beispiel hier:

An Graziella (frei nach Viktor von Scheffel)

Leis im feuchten Tau der Nacht
Kam der Lenz geschlichen,
Wo er schritt, ist Grün erwacht
Und das Eis gewichen.

Henri jubelt durchs Gefild,
Damians Drachen fliegen,
Die sich gaukelnd, windumspielt
in den Lüften wiegen.

Ewig neut den Stoff Natur,
Neuert auch die Drachen:
Aus Kanzleimakulatur
Pflegt ich sie zu machen.

Und mit leichter Schnur gebeut
Tina den Fabeltieren:
Einst Scheusale, sind sie heut
Harmlos und papieren.

Wie ich hoch am Kirchenturm
Jene Drachen schaue,
Fliegt mein Denken wie im Sturm
Fern nach andrem Gaue.

Gleiches Spiel gilt bei Sorrent,
Drach' heißt dort »Cometa«,
An Graziellas Arm gelehnt
Sah ich's oft in Meta.

Selig wie im Paradies
Spähten wir nach Napel,
Und der kleine Bruder ließ
Den Komet vom Stapel.

Kern und Schweif erglänzt' im Schein
Untergeh'nder Sonne:
Küste, Golf, Orangenhain,
Alles schwamm in Wonne!

O Graziella! Goldne Zeit,
Da Geist und Herz noch sprühte:
Oft hat mir's auf das Haupt geschneit,
seit jener Lenz verblühte.

Und wirst Du einst vor meinem Dach
spät wiedrum Anker legen:
Floh'st wohl, selbst als Alter Drach',
dem alten Freund entgegen.

Statt eines Nachworts

»Die alte furchtbare Fabel von den fünf Blinden, die vor einem Elefanten stehen. Der eine bekommt den Rüssel zu fassen und erklärt, der Elefant sei eine Art Schlange. Der zweite erwischt ein Bein und behauptet auf Tod und Leben, der Elefant sei eine Art Baum. Der dritte lehnt sich an ihn und erklärt ihn für eine Art Mauer. Der vierte ergreift den Schwanz und findet, er sei ein Seil. Der letzte schließlich gerät an die Stoßzähne und ist überzeugt, er sei gefährliche Pfähle. Genauso steht es mit der Philosophie Robert Brownings. Sein grundlegender Unterschied gegenüber den dekadenten Psychologen besteht darin, daß für ihn – mögen die Blinden auch einiges Wahre über den Elefanten zu sagen haben – der Elefant doch nur eine Elefant ist.« (Gilbert Keith Chesterton)

Wenn man ein Kaleidoskop drehend bewegt, bilden die für das Kaleidoskop konstitutiven Elementarteilchen immer neue Konfigurationen. Der ›Neue Brockhaus‹ (1960) behauptet, das Kaleidoskop sei »ein optisches Spielzeug; unregelmäßig liegende bunte Glasstückchen o. ä. ordnen sich in einem Winkelspiegel zum Bild eines regelmäßigen, meist sechsstrahligen Sterns; 1817 erfunden; Sinnbild ständig wechselnder Eindrücke.«

Wer wäre ich, dem ›Neuen Brockhaus‹ zu widersprechen. Jedoch sind zumindest mir zwei Arten Kaleidoskop bekannt. Von der einen schenkten die Eltern vor einem halben Jahrhundert dem Knaben ein Exemplar. Dies war ein ziemlich dickes Rohr, an dessen vorderem Ende sich zwischen zwei planen Scheiben bunte Glasstückchen o. ä. in einer öligen Flüssigkeit befanden, wohl dicht an dicht gepackt, die sich zu immer neuen funkelnden, farbenreichen Bildern ordneten, wenn das Rohr ins Helle gehalten gedreht wurde. Auch an Sternengebilde erinnere ich mich, ob die aber sechsstrahlig waren? Bunt war es jedenfalls und leuchtend und zaubrisch schön. Stundenlang konnte der Knabe in grenzenlose Träume versinken, durchs drehende Rohr blickend, jenen Konfigurationen nachträumend, jenen unerhörten Farbenspielen, für die es in der Realität keinerlei Entsprechung gab.

Von der anderen Art schenkte die sehr Geliebte dem Mann beim letzten gemeinsam verbrachten Geburtstag ein Exemplar. Das nun kann autoptisch präziser beschrieben werden. Es handelt sich um eine schmale längere Röhre roten Pappendeckels, der vorne ein halbkugelig Glas vorgesetzt ist. Am Blickende ist zu erkennen, daß in der Röhre die gesamte Länge entlang ein Winkelspiegel vorhanden ist, dessen Querschnitt einem gleichseitigen Dreieck entspricht.

Da nun, blickt man in die weiße Helle hinein, ist in einer gewissen Zentralposition das Spiel der sechsstrahligen Sterne betrachtbar. Betrachtbar als ewiger Tanz sich wandelnder Konfigurationen, nicht aber als Farbe. Also nehme ich an, daß dieser Typ nicht aus bunten Glasstückchen, sondern aus farblosen, aber vielleich prismatisch geschliffenen besteht, die sich außerdem nicht in einer öligen Flüssigkeit bewegen, dafür aber schließlich in einer ganz anderen Form systematisch angeordnet erscheinen als in jenem dickeren Rohr der Erinnerung. Während jenes nämlich sein leuchtend-buntes Leben aus dicht gepackten Buntglasstückchen schöpfte, zieht das neue Rohr kraft der Geheimnisse seines halbkugeligen Auges vor allem Farben, in geringerem Ausmaß aber auch Strukturen der Umgebung mit ins Spiel hinein, bezieht aus der Umwelt also nicht nur die ins Bunte zu brechende Helle, sondern zusätzlich eben jene Farben, die es den immer neuen Konfigurationen beizumischen gilt, auf daß der zaubrisch schöne Tanz der unberechenbaren Möglichkeiten immer wieder neu anheben kann.

Doch ist des Knaben Phantasie, in grenzenlose Träume zu versinken, wohl erloschen oder erschöpft, ausgeschöpft oder verwandelt. Der Mann auf jeden Fall hängt ganz anderen Gedanken nach.

Gehörte ich zum Geschlecht der Großironiker, zeichnete ich vielleicht à la Fischart die affentheuerliche naupengehäuerliche Geschichte der Aventiuren eines pantagruelischen Sechsstrahlbuntsternvielfraßes auf; entwürfe ich à la Goethe eine neue grundstürzende Lichtspielfarbenlehre; beschriebe ich à la Thomas Mann in gravitätischem Deutsch die Freuden und Leiden eines Kaleidoskopisten nebst dezent eingebauten, exaktest recherchierten Einzelheiten über Werden und Vergehen von Kaleidoskopen; ließe ich à la Heimito von Doderer einen kakanischen Décadent in den maghrebinischen Farbstrudeln der Kraisch verschwinden; grübe ich à la Arno Schmidt die Zunftedikte und Gildenbücher frühromantischer Kaleidoskopisten nebst ihren melancholischen Tagebüchern aus dem deutsch-französischen Krieg oder gar das ihres Obergildemeisters während der Schlacht um die Düppeler Schanze aus; edierte gar à la Günter Grass den Dialog einer mit dem einen Kaleidoskoptyp als rechtem Auge bestückten Rättin mit einem mit dem anderen Kaleidoskoptyp als linkem Auge bestückten Butt über ein Treffen von Intimdiaristen vor dem Monschauer Bärenauge.

Da ich all das nicht bin, begnüge ich mich mit dem Hinweis darauf, daß einstens Kreuzfahrer den Zionsberg als mons gaudii, französisch mont de joie, deutsch Freudenberg, bezeichneten, woraus in Eiflisch dann eben Monschau wurde. So wende ich mich erneut dem Versuch zu, auf andere Weise nachzuweisen, was auf andere Weise nachzuweisen ist.

Nämlich erstlich, daß der vor allem im alten Typ offenbar unbegrenzte Raum an Möglichkeiten beim Tanz der kaleidoskopischen Elementarteilchen in immer neue Konfigurationen ebenso auch im neuen immer neue Wirklichkeiten schafft. Zunächst im Kaleidoskop selbst, dann aber – wichtiger noch – im Bewußtsein des Betrachters. Was davon sodann im weiteren Wechselspiel der Bewußtseinselemente zu Wahrheiten, zu neuen gar, gerinnen mag, wäre ein reiches Thema für eine neue Philosophie des Als-Ob nach Niebelschützens schönem Satz vom Freien Spiel des Geistes, oder zu einem neuen Versuch, zu sehen, wie Zarathustra im farbigen Lichtspiel spricht und so aus seinem Willen Vorstellungen entstehen macht.

Nun ist es aber so, daß offenbar Partikel aller Wissenswirklichkeiten nur im Worte sinnvoll zu fassen sind; und Wörter wiederum, nach ähnlich strengen Gesetzen wie beim Tanz die kaleidoskopischen Elementarteilchen, zu immer neuen Konfigurationen gefügt, können am ehesten noch vermitteln, was jemand für vermittelnswürdig hält. Es sind wohl solche Wortfigurationen und die in ihnen eingefangene Nachricht, die dann im Geist des Adressaten neue Bewußtseinskonfigurationen hervorrufen. Ein Mittel nun, den Reichtum solcher Nachricht, durch die Jahrtausende gesammelt, dem ständig erneuten Zugriff offen zu halten, ist: sie systematisiert zu fixieren. So entsteht zunächst das Lexikon, zum vollen Kreis allen Bildungsgutes ausgebaut gar die Enzyklopädie. Beglückt handhabt der Benutzer, was redlicher Fleiß ihm da zusammentrug.

Doch ach! Wer fragt die Elementarteilchen, ob auch sie sich sehr beglückt fühlen, im rigiden lexikalischen System zugunsten von Handhabbarkeit aller Freiheit zu muntrem kaleidoskopischem Tanze beraubt zu sein? Was wäre, pföffe man auf alle allzu starre Systematik und spielte freier mit den fröhlichen Kindern der Wissenselemente? Zu freiem Geist die freie Tanzfiguration der Wissenselemente fügend? Voll Neugier, was daraus entstehe, und dem Gebot der nützlichen Effektivität nicht mehr so strenge unterworfen?

Dann böte sich ein Weg, der rigiden Systematisierung zu nützlichem Wissen als Komplement das Umkehrstück der freien Unsystematik des nutzlosen Wissens zu finden. An dieser Stelle möchte ich mir einbilden, Theodor Heuß grummeln zu hören: Dann sucht mal schön!

Wer nun aber zu suchen begönne, stünde der nicht bald vor der vertrackten Frage, ob statt des »nutzlosen« nicht besser das »unnütze« Wissen zu zitieren wäre? Verhält sich nicht »nutzlos« zu »unnütz« wie Diderots enzyklopädisches Aufklärungsbemühen zu Eichendorffs taugenichtiger Suche nach der Blauen Blume? Oder sollte man das unsystematisch verschnürte Bündel lieber als »unartiges« Wissen deklarieren? Oder wäre »unordentliches« treffender?

Wo findet sich der archimedische Punkt, von dem aus man die Erde als Sandkorn ins wirbelnde Werk des wabernden Chaos zu schleudern vermöchte, auf daß es – der übersättigten Salzlösung gleich – erstarre und mosaikhaft seine innersten Strukturen sichtbar werden lasse? Den kaleidoskopischen Tanz im schönsten Augenblick einfriere, auf daß er verweile und betrachtbar werde?

Ach ja, dem einen schürzt sich der Knoten, der ihm die chaotische Textur des Seins als »work in progress« zum sinnvollen Wandteppich des Daseins als Dienst am Unbegreiflichen verfestet, im düster glosenden Bild der Göttlichen Vergeltung, wie jenem Carl von Linné, der eine sonderbare Befriedigung darin gefunden zu haben scheint, daß ihm die nemesis divina ihr letztes Geheimnis, an wem nämlich Gott sich für was Vergeltung verschaffen wolle, nie preisgab.

Und doch: Ist nicht des großen Systematikers anscheinend bizarrer Versuch, in der Häufung abstrusester Einzelteile den Weg zum Sinn zu finden, nur scheinbar bizarr und in Wirklichkeit Eingeständnis, daß keine Systematisierung mehr vermag, als was der große Albert Einstein in seinem schönen Wort über die letzte Formel meinte, die des Menschen Geist in der Mathematik zu entdecken vermöge: den Rocksaum Gottes zu beschreiben?

Ist es nicht so, daß seit Einstein gerade die Naturwissenschaftler in immer abenteuerlichere Gefilde geraten wie z.B. in die Chaostheorien, welche herauszufinden suchen, warum die meisten dynamischen Naturprozesse weder strengen Gesetzen gehorchen noch reinem Zufall, sondern ein nicht mehr geordnetes, ein chaotisches Verhalten zeigen, obwohl die zu deren Berechnung verwendbaren Gleichungen streng deterministischen Charakter haben? Zum Beispiel Hermann Haken, der Pionier der Synergetik, der Lehre also, wie was zusammenwirken müsse, damit aus dem Chaos geordnete Strukturen entstehen? Oder Benoit Mandelbrot, dessen ästhetisch so vollendetes Apfelmännchen als Kultfigur sozusagen der fraktalen Geometrie mir fast wie des altmodischen Kaleidoskops sechsstrahliger Stern in neuester vollendetster Entwicklung vorkommt? Kann man des Physikers Paul Langevin berühmten Ausspruch, das Konkrete sei das Abstrakte, an das wir uns gewöhnt haben, so paraphrasieren: Ordnung ist jener Teil des Chaos, in dem wir aus Gewöhnung Sinn sehen? Zeugte Linnés göttliche Nemesis gar durchs Kaleidoskop Mandelbrots Apfelmännchen als Rumpelstilzchen in die Umwelt der Ordnungsbedürftigen, sie als Unwelt zu entlarven?

Und wenn man nun noch die Entdeckung des Möbius hinzunimmt, daß man vermittels eines Drehs die Schleife aus der zweiten in die erste Dimension (zumindest aus Zweidimensionalem ins Eindimensionale) ziehen kann, dann mit Eschers Wasserfällen und auf seinen Treppen* gar durch Wanderung wie Fall aus der Dreidimensionalität ins offenbar alles andere als platte Eindimensionale geraten ist: wen wundert es da noch, wenn andere sich lieber den Künsten Bachs anvertrauen, um sich mangels Drachenblutes wider ihre Angst vor dem anbrandenden Chaos des Lebens als »work in progress« in ein endloses, geflochtenes Band als Leibes- und Seelenschutzes Ersatz zu wickeln?

Doch will ich lieber schließen, was zu vollenden ich nicht aufgerufen bin, ehe das Wirbeln des Kaleidoskops mir Bild und Metapher und Symbol zentrifugierend zu

---

* Ob Maurits Escher sich wohl zu seinen »Relativitäts«treppen (1953) von Piranesis Tafel 7 der ›Carceri‹ (1. Zustand, 2. Ausgabe, ca. 1761) hat anregen lassen, deren eigenartige Anordnung innerer Strukturen sich nahezu ebenso deutlich in Eschers ›Wasserfall‹ (1961) wiederfindet?

einem butterfarbig konturlosen Bildbrei vermatscht. Und aus einem bisher unedierten Nachlaß zitieren: »Als ich Dich zum ersten Mal sah, erbebte die Erde, die Sterne taumelten, die Universen kreißten – und als das Kaleidoskop in Gottes Hand wieder ruhig lag, erstrahlte mir ein neuer unbekannter Kosmos in neuen herrlichen, ungekannten Farben – und sein Mittelpunkt bist seither Du – omphalos mundi mei.«

Ach ja, »Nabel meiner Welt!« Beginn einer Liebesgeschichte? Oder nur literarische Fingerübung? Dann hat zumindest diese in mir durch die Zitierung des Kaleidoskops jene Erinnerungen wieder heraufbeschworen, aus denen sich in immer neuen Konfigurationen entwickelt hat, was niederzuschreiben viel einfacher war und kürzere Zeit dauerte, als den wirbelnden Tanz zum Zwecke der Beschreibung im Kopfe soweit zu fixieren, daß er stille zu stehen und Muster anzubieten schien, die Assoziationen hervorzurufen vermochten, aus denen verständliche Bewußtseinswirklichkeiten entstanden.

Im Kapitel von den Völkern ist zu lesen, daß Schottlands wichtigstes Exportgut nach Saudiarabien Sand ist. Dieser Satz sagt genau das aus, was er aussagen soll, und ist nicht etwa eine krumme Darstellung eines anderen Sachverhalts, etwa: »Schottland ist nach Saudiarabien zweitgrößter Sandexporteur« oder ähnliches mehr. Vielmehr ist es so, daß die saudiarabischen Sände vorwiegend in weicher Körnung vorkommen, so daß sie für Arbeiten z.B. mit dem Sandstrahlgebläse ungeeignet sind. Hingegen sind die quarzhaltigen Sände Schottlands von ausreichender Härte sogar für saudiarabische Sandstrahlgebläse. Daher exportiert Schottland jährlich im Durchschnitt ca. 500 t hartkörnigen Sandes nach Saudiarabien.

Von ähnlicher Beschaffenheit ist der Wahrheitsgehalt aller übrigen Mitteilungen dieser Sammlung, mit Ausnahme jener eher wertenden Feststellungen wie »Lolona ist der wüsteste aller Seestromer« gewesen oder »die Merowinger sind eine Despotie durch Mord gemildert«: nicht daß diese Behauptungen falsch wären, doch entspringen die verwendeten Adjektive eher ästhetischen als faktischen Quellen. Im übrigen ist nicht zu leugnen, daß fast jede Meldung in fast jedem der anderen Kapitel gleich zutreffend aufgehoben wäre. Wer aber meint, man hätte auf die Einteilung in Kapitel ganz verzichten können, der irrt: Wie anders wären denn sonst die bei den Kapitelanfängen als Motti verwendeten Zitate zu rechtfertigen?

Diese Sammlung von Elementarteilchen für freie Spiele mit dem geistigen Kaleidoskop entstand über Jahre hin sozusagen als Abfallprodukt berufsbedingter kontinuierlicher Lektüre von vielen Dutzend in- und ausländischen Zeitungen und Zeitschriften, von Fachpublikationen wirtschaftlicher und statistischer Art usw. Die zunächst eher spielerisch gesammelten Notizen verdichteten sich nach und nach zu einem Faszikel zusammenhangloser Kuriositäten, das dann aber bald zur Anregung wurde, Ähnliches aus einer ziemlich weitgespannten Lesetätigkeit im Bücherwald zu exzerpieren, wobei mir meine Lust an unordentlichen Leseabenteuern sicherlich hilfreich zur Seite stand. Hierbei erwiesen sich die in der Bibliographie aufgeführten Titel als die interessantesten Quellen, weil sie am reichsten sprudelten.

Sollte aber die so entstandene Sammlung die liebliche Leserin, den geneigten Leser erfreut haben, und sich in ihrem Besitze ähnliches bisher mißachtetes Wissen befinden: ich wäre für Hinweise dankbar und sammelte gelassen in unerschrockener Heilserwartung weiter.

Bibliographie

Ambjörnsen, Ingvar: sämtliche Werke, noch fast ausschließlich auf Norwegisch (in allen möglichen Verlagen).
Ambler, Eric: die bisherigen Werke (19 Bände, Diogenes Taschenbücher, Zürich).
The American Peoples Encyclopedia (New York 1971).
Archiv der Gegenwart (wöchentliche Dokumentation seit 1931, Siegler-Verlag, derzeit St. Augustin).
Baantjer, A. C.: sämtliche bisher erschienenen De Cock-Krimis (Ullstein).
Bächtold-Stäubli, Hanns, Hoffmann-Krayer, Eduard: Handwörterbuch des deutschen Aberglaubens (10 Bände, Walter de Gruyter, Reprint Berlin 1987).
Bardenhewer, O. u.a. (Hrsg.): Bibliothek der Kirchenväter (83 Bände, Kösel, Kempten 1911–39).
Beckmann, Gudrun, Ewinkel, Irene, Keim, Christian, Möller, Joachim: Eine Zeit großer Traurigkeit – Die Pest und ihre Auswirkungen (2 Bände, Jonas Verlag, Marburg 1987).
Blüher, Hans: Die Rolle der Erotik in der männlichen Gesellschaft (Jena 1921).
Borges, Jorge Luis: Sämtliche Werke; besonders ›Einhorn, Sphinx und Salamander‹ (Hanser, München; besonders 1983).
Botts, Linda: Loose Talk (New York 1980).
Briggs, Katharina: A Dictionary of Fairies (London 1976).
Caine, Michael: Not Many People Know That (London 1986).
Chandler, Raymond: Sämtliche Werke (13 Bände, Diogenes Taschenbücher, Zürich 1980).
Christiansen, Werner C.: Kleiner kommunistischer Zitatenschatz (Bad Godesberg 1960).
Costello, Peter: The Magic Zoo (London 1979).
Dawson, Christopher: Die Religion im Aufbau der abendländischen Kultur (Düsseldorf 1953).
Defoe, Daniel: Ein Bericht vom Pest-Jahr (1987).
Diderot/d'Alembert: Encyclopédie, ou Dictionnaire raisonné des Sciences, des Arts et des Métiers... (Vincent Giuntini, Lucca ²1758–1771, 17 Bände).
The Encyclopedia Britannica (London 1911).
Fiedler, Frank: Die Monde des I Ging – Symbolschöpfung und Evolution (Diederichs Gelbe Reihe, München 1988).

Fischer Weltalmanach (ab 1960, Fischer Taschenbuchverlag, Frankfurt/Main).
Foxe, John: The Book of Martyrs (London o.J.).
Froude, J. A.: Short Studies on Great Subjects (London 1919).
Gleick, James: Chaos – die Unordnung des Universums (Droemer Knaur, München 1988).
Graßhoff, Fritz: Seeräuberreport (Erdmann, Stuttgart 1972).
– Unverblümtes Lieder- und Lästerbuch (Kiepenheuer & Witsch, Köln 1965).
– Die klassische Halunkenpostille (Kiepenheuer & Witsch, Köln 1964).
– Neue große Halunkenpostille ... nebst dem Allgemeinen ungültigen Bauernkalender von 1954 (Nymphenburger, München 1981).
Gronow, Captain: The Reminiscences and Recollections (London 1889).
Grunewald, Jakob: Willkürliche Biogramme (Haffmans Verlag, 1986).
Gudde, Erwin G.: California Place Names – The Origin and Etymology of Current Geographical Names (University of California Press, Berkeley ³1974).
Haefs, Gisbert: Mord am Millionenhügel, Und oben sitzt ein Rabe, Das Doppelgrab in der Provence, Mörder & Marder, Das Triumvirat (Krimis bei Goldmann/München und Haffmans/Zürich).
Haefs, Hanswilhelm: Wege zur Lochmühle – Berichte und andere Geschichten aus den Schluchten des Adlerlandes (bisher unveröffentlichtes Manuskript mit Studien zur Geschichte des Ahrtales ad exemplum historiae Eifliensis).
– Im langen Schatten Tschinggis Chans – Anmerkungen zu abendländischen Ignoranzen, oder: Nachrichten über die eurasische Schicksalsgemeinschaft, ihr Entstehen und ihre Auswirkungen bis heute (bisher unveröffentlichtes Manuskript; eine Kurzfassung erschien in der Zeitschrift ›Im Gespräch‹).
– Von denen »Nifl-Jungen« zum »Lied der Nibelungen« zum »Ring der nie gelungen« – eine Wanderung durch heterodoxe Gefilde (bisher unveröffentlichtes Manuskript mit Studien zu den möglichen historischen Hintergründen von Didrikschronik, Thidreksaga und Nibelungenlied; eine Kurzfassung erschien in der Zeitschrift ›Tumult‹).
– Spurensuche in Mexiko, oder: ›Der Waldläufer‹ – Karl Mays ›Kulissenschieber‹? ›Das Goldtal‹ – sein Steinbruch für Charaktere? Captain Reid – der Vater Winnetous? (erschienen als Sonderheft 80 der Schriftenreihe der Karl-May-Gesellschaft).
– Wie Mao 1945 den USA eine exklusive Kooperation anbot, wie

daraus nichts wurde mit welchen Konsequenzen, und wie der US-Senat das 1971 bewertete (Beiheft 3/1987 der Deutschen China-Gesellschaft, Köln).

Hammett, Dashiell: Sämtliche Werke (10 Bände, Diogenes Taschenbücher, Zürich 1981).

Handbook of Middle American Indians (16 Bände, 2 Supplementbände, University of Texas Press, Austin ab 1964).

Handbook of North American Indians (20 Bände, bisher erschienen Bde. 5, 6, 8, 9, 10, 11 und 15; Smithsonian Institution, Washington ab 1984.)

He Xin: Der Ursprung der chinesischen Götter (chinesisch, Beijing 1987). Durch ingeniöse Interpretation reichen Bildmaterials sucht He nachzuweisen, daß der Drachen-Glaube aus der Verkörperung, Verdinglichung, Deifizierung von Wolkenformationen entstanden sei, ohne aber die Frage nach dem Grund des Entstehens dieser Vorstellungen zu stellen.

Herrmann, Joachim: Zwischen Hradschin und Vineta – frühe Kulturen der Westslawen (Urania-Verlag, Leipzig ²1976).

Hess, Moses: Philosophische und sozialistische Schriften 1837 bis 1850 (Auswahl, Akademie Verlag, Berlin 1961).

Histoire Générale de la Chine, ou Annales de cet Empire; traduites du Tong-Kien-Kang-Mou, par le feu Père Joseph-Anne-Marie de Moyriac de Mailla, Jésuite François, Missionaire à Pékin, Publiées par M. l'Abbé Grosier chez Pierres et Clousier (13 Bände, Paris 1777–1785).

Hofstadter, Douglas R.: Gödel, Escher, Bach. Ein Endloses Geflochtenes Band (Klett-Cotta, Stuttgart ¹¹1988).

Hudson, W. H.: Far Away and Long Ago (London 1918).

d'Israeli, Isaac: Curiosities of Literature (5 Bände, London 1823).

Jay, Ricky: Learned Pigs & Fireproof Women – A History of Unique, Eccentric & Amazing Entertainers (Guild Publishing, London 1987).

Kemelman, Harry: die 7 als rororo thriller erschienenen Rabbi-Krimis.

Klopprogge, Axel: Die Deutung der Tataren in der abendländischen Literatur des 13. Jahrhunderts (Magisterarbeit an der TH Aachen, 1984).

Knoll, Ludwig: Kulturgeschichte der Erotik (10 Bände, Moewig Verlag, München 1983–1985).

Kowollik, Konrad: Der Bedellion-Verlag (St. Goar) veröffentlicht unter dem Obertitel ›Reihe: Unbekannte Metropole am Rhein entdeckt‹ und dem Untertitel ›Aus der Arbeitsmappe von Pastor Kowollik‹ Studien zur Vor- und Frühgeschichte der Kreise Mayen und Cochem.

Heft 1 (1987): Die herausragende Stellung der Kreise Mayen und Cochem in der Frühgeschichte Europas, dargestellt an dem Problem Tholey.
Heft 2 (1987): Entdeckung verschollener Orte und Höfe.
Heft 3 (1988): Unbekannt und doch viele Namen: Der Kreis Mayen.
Heft 4 (1988): Hinweise auf das zweite Rom im Kreise Mayen.
Heft 5 (in Vorbereitung): War die Hunnenschlacht bei Martental im Mayengau?
Eine zusammenfassende Darstellung seiner Überlegungen erschien in der Zeitschrift ›Deutschland in Geschichte und Gegenwart‹ (Gravert, Tübingen, 35. Jahrgang, Nr. 3, Sept. 1987, S. 35–40): Gab es ein zweites Rom am Rhein?
Kunstmann, Heinrich in: Die Welt der Slaven, Halbjahresschrift für Slavistik (Sagner, München).
- Was besagt der Name Samo und wo liegt Wogastisburg? (1979, S. 1–21).
- Spuren polnischer Zwangsansiedlung in der Oberpfalz? (aaO, S. 172–184).
- Die Pontius-Pilatus-Sage von Hausen-Forchheim und Wogastisburg (aaO, S. 225–247).
- Samo, Dervanus und der Slovenenfürst Wallucus (1980, S. 171 bis 177).
- Über die Herkunft Samos (aaO, S. 293–313).
- Wo lag das Zentrum von Samos Reich? (1981, S. 67–101).
- Über den Namen der Kroaten (1982, S. 131–136).
- Noch einmal Banz (aaO, S. 352–358).
- Über den Namen der Bulgaren (1983, S. 122–130).
- Nestors Dulebi und die Glopeani des Geographus Bavarus (1984, S. 44–61).
- Wer waren die Weißen Kroaten des byzantinischen Kaisers Konstantinos Porphyrogennetos? (aaO, S. 111–122).
- Über die Herkunft der Polen vom Balkan (aaO, S. 295–329).
- Mecklenburgs Zirzipanen und der Name der Peene (aaO, S. 353 bis 359).
- Woher die Kaschuben ihren Namen haben (1985, S. 59–65).
- Mazowsze – Land der Amazonen? Die Landschaftsnamen Masowien und Masuren (aaO, S. 77–88).
- Die Namen der ostslawischen Derevljane, Polotschane und Volynjane (1985, S. 235–259).
- Wie die Slovenen an den Ilmensee kamen (aaO, S. 388–401).
- Der Wawel und die Sage von der Gründung Krakaus (1986, S. 47–73).
- Woher die Russen ihren Namen haben (aaO, S. 100–120).

- Woher die Huzulen ihren Namen haben (aaO, S. 317-323).
- Waren die ersten Przemysliden Balkanslaven? (1987, S. 25-47).
- Der alte Polenname Lach, Lech und Lendizi des Geographus Bavarus (aaO, S. 145-157).

Kunstmann, Heinrich: Dagobert I. und Samo in der Sage. In: Zeitschrift für slavische Philologie, Band XXXVIII, Heft 2 (Heidelberg 1975, S. 279-302).
- Der anhaltische Landschaftsname Serimunti. In: Text, Symbol, Weltmodell; Johannes Holthusen zum 60. Geburtstag (Sagner, München 1984, S. 335-344).
- Die oberfränkischen Raumnamen Hummelgau und Ahorntal. In: Aspekte der Slavistik; Festschrift für Josef Schrenk (Sagner, München 1984, S. 152-164).
- Der Name Piast und andere Probleme der polnischen Dynasten-Mythologie. In: Suche die Meinung; Karl Dedecius, dem Übersetzer und Mittler, zum 65. Geburtstag (Harrassowitz, Wiesbaden 1986, S. 347-354).
- Beiträge zur Geschichte der Besiedlung Nord- und Mitteldeutschlands mit Balkanslaven. In: Slavistische Beiträge, Band 217 (Sagner, München 1987).

Lempriere, J.: Classical Dictionary (London 1788).

Lenz, Werner: Kleines Lexikon der Superlative (Bertelsmann, Gütersloh 1982).

Lewin, Louis: Die Gifte in der Weltgeschichte (Berlin 1920).

Linné, Carl von: Nemesis Divina (Hanser, München 1981).

Mandelbrot, Benoit B.: Die fraktale Geometrie der Natur (Birkhäuser, Basel 1988).

Matthaei Parisiensis, Monachi Sancti Albani, Cronica Majora, edited by Henry Richards Luard (7 Bände, London 1872-1883).

McNeill, William H.: Plagues and Peoples (Anchor Press, New York 1976).

Moncada, Francisco de: Expedición de los Catalanes y Aragoneses contra Turcos y Griegos (Madrid 1943).

Needham, Joseph: Chinas Bedeutung für die Zukunft der westlichen Welt (Heft 1 der Schriftenreihe der Deutschen China-Gesellschaft, Köln 1977).
- Science and Civilization in China (bisher 18 Bände, Cambridge University Press seit 1954).

Niebelschütz, Wolf von: Freies Spiel des Geistes - Reden und Essays (Eugen Diederichs, Düsseldorf 1961).

Ørum, Poul: sämtliche bisher als rororo thriller erschienenen Dänemark-Krimis.

Parisot, Jeannette: Dein Kondom, das unbekannte Wesen - Eine Geschichte der Pariser (Kabel Verlag, Hamburg 1987).

Peitgen, Heinz Otto, Saupe, Dietmar: The Science of Fractal Images (Springer, Heidelberg/New York 1988).

Ritter (-Schaumburg), Heinz: Die Nibelungen zogen nordwärts (Otto Reichl, Buschhoven ³1987).

– Dietrich von Bern – König zu Bonn (Herbig, München 1982).

– Die Didrikschronik (Reichl-Verlag, Buschhoven 1989).

Ronart, S. & N.: Concise Encyclopedia of Arabic Civilization (Amsterdam 1966).

Saferstein, Richard: Criminalistics (New Jersey 1981).

Sédillot, René: Le coût de la Révolution française – Vérités et Légendes (Perrin, Paris 1987).

Shah, Idries: The Secret Lore of Magic (London 1957).

Silberner, Edmund: Moses Hess – Geschichte seines Lebens (E. J. Brill, Leiden 1966).

Sjöwall, Maj + Wahlöö, Per: sämtliche bisher als rororo thriller erschienenen Schweden-Krimis.

Spender, Dale: Mothers of the Novel (Pandora, New York 1986).

Spense, Jonathan D.: The Memory Palace of Matteo Ricci (Penguin Books, New York 1984).

Stary, Giovanni: I primi rapporti tra Russi e Cina. Documenti e testiomoniance (Guida Editori, Napoli 1974).

Thomas, Ross: sämtliche bisher als Ullstein-Krimis erschienene Werke.

Thorndike, Lynn: A History of Magic and Experimental Science during the first thirteen centuries of our era (8 Bände, Columbia University Press, New York 1923–1958).

Trevor-Roper, Hugh: Hermit of Peking – the hidden Life of Sir Edmund Backhouse (Penguin Books, New York 1978).

van de Wetering, Janwillem: die 9 als rororo-thriller erschienenen Amsterdam-Krimis.

Vogel, Martin: Onos Lyras – Der Esel mit der Leier (2 Bände, Verlag der Gesellschaft zur Förderung der systematischen Musikwissenschaft, Düsseldorf 1973).

Wang Dayou: Die Darstellung von Drache und Phönix (chinesisch, Beijing 1988). An rund 1000 Abbildungen von Drachen und Phönixen aus dem Vergleich mit japanischen und amerikanisch-indianischen Drachen bzw. »geflügelten Schlangen« werden weitere Indizien für die Möglichkeit, daß sich die Kulturen um das nördliche Pazifikbecken aus gemeinsamen Wurzeln entwickelt haben könnten, aufgezeigt.

Weiers, Michael: Mongolische Reisebegleitschreiben aus Tschagatai. In: Zentralasiatische Studien (ZAS) 1/1967, S. 7–54.

– Bericht über Sammeltätigkeit in Taiwan (mandschurische Originalakten). In: ZAS 6/1972, S. 585–601.

- Das Verhältnis des Ligdan Khan zu seinen Völkerschaften. In: Serta Tibeto-Mongolica, Festschrift Heissig 1973, S. 365-379.
- Zwei mandschurische und mongolische Schreiben des Sure Han aus dem Jahre 1635. In: ZAS 9/1975, S. 447-477.
- Ein Schreiben südmongolischer Stammesfürsten an den Mandschuherrscher Sure Han aus dem Jahre 1636. In: Tractata Altaica, Festschrift D. Sinor, 1976, S. 755-766.
- Die Kuang-Ning Affäre, Beginn des Zerwürfnisses zwischen den mongolischen Tsakhar und den Mandschuren. In: ZAS 13/1979, S. 73-91.
- Mandschu-mongolische Strafgesetze aus dem Jahre 1631 und deren Stellung in der Gesetzgebung der Mongolen. In: ZAS 13/1979, S. 137-190.
- Die Verträge zwischen Rußland und China 1689-1881. Facsimile der 1889 in Sankt Petersburg erschienenen Sammlung mit den Vertragstexten in russischer, lateinischer und französischer sowie in chinesischer, mandschurischer und mongolischer Sprache. Herausgegeben und eingeleitet von Michael Weiers, Bonn 1979.
- Specimina mandschurischer Archivalien aus der K'ang-Hsi-Zeit (5 Schriftstücke aus dem Briefverkehr des Kaisers mit dem Bannermarschall Anjuhu zu Fengtina = Mukden über Handels- und Wirtschaftsfragen im Zusammenhang mit schweren Erdbeben: 1. der Kaiser fordert Berichte über Erzmutungen im Bannergebiet an am 22. X. 1679, 2. der Immediatbericht über den Mutungsbefund vom 22. X. 1679, 3. die kaiserliche Kabinettsorder über weiteres Vorgehen vom 12. XII. 1679, 4. Kabinettsorder über die Vorbereitung einer großen Jagd nach der Befriedung Yunnans vom 16. I. 1682, 5. zusätzliche Order vom 10. III. 1682 über den Termin der Jagd). In: ZAS 14/1980, S. 7-40.
- Der russisch-chinesische Vertrag von Burinsk vom Jahre 1727 (zur mandschurischen und der mongolischen Textfassung des Sbornik). In: Asiatische Forschungen, Band 80, Florilegia Manjurica in memoriam Walter Fuchs, 1982, S. 186-204.
- Gesetzliche Regelungen für den Außenhandel und für Auswärtige Beziehungen der Mongolen unter Kangxi zwischen 1664 und 1680. In: ZAS 15/1981, S. 27-52.
- Zu den mongolischen und mandschurischen Akten und Schriftstücken des 17. bis 20. Jh.s (1. ein Schriftwechsel zwischen Mandschuren und Khortsin-Mongolen über ihren Bündnisvertrag vom 29. VI. 1626, 2. eine Rechtsbelehrung des Mandschuherrschers Abahai an die Dörben Keüked-Mongolen vom 13. II. 1631, 3. eine Glückwunsch-Throneingabe mongolischer Adliger an Kaiser Kang-hsi aus dem Jahre 1722 als Beleg für seine damalige Beliebtheit und als Paradigma des Bauschemas solcher Einga-

ben, 4. drei Texte von 1778 zur rechtlichen Regelung eines Finanzunterschleifs in der niedrigen Beamtenschaft, 5. eine von 1652 datierte Liste der Pflichtabgaben der höchsten Lamas – Dalai, Pantschen, Kutukhtu –, aus der ihre hierarchische Rangfolge und ihr politisches Gewicht deutlich wird, 6. ein Reisebegleitschreiben vom 1. VI. 1907 für 2 Russen durch die Mongolei als Beispiel technolektisch organisierten Amtsmongolisch). In: Archiv für Zentralasiatische Geschichtsforschung, Heft 3/1983, S. 71–120.
- Der Mandschu-Khortsin Bund von 1626. In: Societas Uralo-Altaica, Band 18, Festschrift Heissig, 1983, S. 412–435.
- Bemerkungen zum mongolischen nomen buschin/bischin und seiner diasystematischen Differenzierung. In: ZAS 18/1985, S. 68–89.
- Zur Stellung und Bedeutung des Schriftmongolischen in der ersten Hälfte des 17. Jh. In: ZAS 19/1986, S. 38–67.
- Die Mandschu-mongolischen Strafgesetze vom 16. November 1632. In: ZAS 19/1986, S. 88–126.
- Die Vertragstexte des Mandschu-Khalkha Bundes von 1619/20. In: Aetas Manjurica, tomus 1/1987, S. 119–165.

Westwood, Jennifer: The Atlas of Mysterious Places (London 1987).

Wolk, Allan: The Naming of America – how continents, countries, states, counties, cities, towns, villages, hamlets and post offices came by their names (Cornerstone Library, New York 1977).

Wu, Silas: Communication and Imperial Control in China. Evolution of the Palace Memorial System (Cambridge, Mass., 1970).

Yule, Henry u. a.: Hobson Jobson (Kalkutta 1986).

Register

Zahlen, Personen, Tiere, Sachen und Begriffe

B-52 108
C_{1289} H_{2051} N_{343} O_{375} S_8 39
2 40
20000-Club 171
4-Augen-Fische 14
99^9 39

Aal 14, 19
Abakumow, Viktor Semjonowitsch 120
Abra kadabra 26
Abrüstung 94
Académie Française 33
Adebar 53
Adélie-Pinguine 170
Adenauer, Konrad, Politiker (1876–1967) 86
Adler 45, 55, 147
Adlergau 81
Aeronautik 11
Affe 20
Affenkönig 44
After 25
Aischylos, Äschylus, griech. Dichter (525–456 v. Chr.) 147
Aisopos, Aesopus, Äsop, angeblich als frühgriech. Sklave Erfinder der Weisheitsform der Fabel 146
Alarich I., König der Westgoten (um 370–410) 153
Alba, Thea 145
Albert 170
Alexander der Große, König von Makedonien (356–323 v. Chr.) 147, 151
Alfonso VIII., König von Spanien (1158–1214) 114
Alkuin, angelsächs. Theologe Karls des Großen (730–804) 61
Alligator 19
Alphabet 129
Altdorfer, Albrecht, Maler und Graphiker (um 1480–1538) 148
Aluminium 41

Ameise 12, 18, 52, 169
Amir al-Mu'minīn (arab., Herrscher der Gläubigen), Titel der Almohaden-Sultane, im sprachenunkundigen europäischen Mittelalter verballhornt zu »Admiral Murmelius« oder »Miramolin« oder »Murmelin« u. ä. → Mohammed an-Nassir
Amtskirche 106, 161
Ancien Régime 85
Andragogiker 141
Andreanische Konstitution 157
Andreas II., König von Ungarn (1176–1235) 157
Anne, Königin von England und Schottland (1665–1714) 126
Ansegisel 163
Antiklerikalismus 106
Apfelbaum 128
Apfelmännchen 182
Aphrodisiakum 173
Apostel 152
Äquator 30
Aremberg, Grafen von 110
Argall, Sir Samuel, engl. Seefahrer und Abenteurer (1572–1626) 93
Aristoteles, griech. Philosoph und Naturforscher (384–322 v. Chr.) 125, 160
Arnulf Bischof von Metz, als Vater Anselgisels Stammvater der Arnulfinger und Ahnherr der Karolinger (um 582 bis 640) 163
Arroyos 58
Ärschgen 53
Artus-Sage 127
Arzt 125
Aschanti-Krieg (1873/74) 57
Aschenbrödel 75
Aspirin 26
Assignaten 86
Aston, Sir Arthur 149
Astor, Johann Jakob, wanderte 1783 nach Nordamerika aus, Pelz- und

193

Grundstückshändler (1763–1848) 104
Astronaut 53
Atchison, David 115
Atombombe 40
Attlee, Clement Richard, Earl, brit. Politiker (1883–1967) 142
Auden, Wystan Hugh, engl. Dichter (1907–1973) 164
Auge 24
Auster 165, 172
Autobau 41
Autochthonisten 69
Autotür 127

Babynahrung 59
Bach, Johann Sebastian, Komponist (1685–1750) 146
Backhouse, Sir Edmund 137
Badewanne 57, 149
Bahr, Egon, Politiker (geb. 1922) 135
Bajadas 57
Bajonett 111
Bakterien 9, 25
Baltimore, Cecil Calvert, Lord, brit. Politiker und Kolonisator 96
Balzac, Honoré de, französ. Schriftsteller (1799–1850) 154
Bandwurm 10
Bär 16, 66
Bardot, Brigitte, französ. Filmschauspielerin (geb. 1934) 171
Bärenflaggenrepublik 92
Barker 173
Barnacle, Nora 147
Bärsch, Georg 151
Bart 43, 45, 62, 122
Bartgeier 12
Bartley, James 154
Basenji 17
Bauchspeicheldrüse 35
Beard, Lazarus, Kneipier 68
Becher, Johannes Robert, Schriftsteller (1891–1958) 110
Beecham, Sir Thomas, engl. Dirigent (1879–1961) 59
Beethoven, Ludwig van, Komponist (1770–1827) 110
Bein 138

Béla IV., König von Ungarn (1235–1270) 157
Bell, Alexander Graham, Physiologe (1847–1922) 97, 140
Bell, Laura 174
Bell, Penelope, englische Studentin 55
Bellamy, Mary 104
Bering, Vitus Jonassen, dän. Entdeckungsreisender (1680–1741) 90
Bernhardt, Sarah, eigtl. Henriette-Rosine Bernard, französ. Schauspielerin (1844–1923) 143, 171
Berry 123
Berry, Sir Edmund 123
Bertha 163
Bett 23, 62
Beuteltier 16
Bevin, Ernest, brit. Politiker (1881–1951) 140
Bibel 32, 38, 81, 84, 88, 145, 152, 153, 173
Bier 26
Biene 10
Billard 79
binäres Informationssystem 33
Birke 21
Biro, George 143
Biro, Laszlo 143
Bjelkin, General 120
Blackwell, Elizabeth (geb. 1821) 122
Blasphemie 124
Blauwal 14
Blechbüchse 30
Bleistift 34, 41
Blitz 23
Bljumkin, Jakow Grigorjewitsch 114
Block, Adriaen 93, 102
Blondin, Charles 139
Blut 23
Blüte 10
Bluthund 126
Blutplasma 21
Blutspender 126
Boa 45
Bodennebel 36
Bogen 147
Bohne 28, 57

Boleyn, Anne 125, 142
Bond, James 142
Bonny, Anne 163
Boone, Daniel (1734–1820), nordamerikan. Grenzer und Pionier 96
Bootlegging 115
Borgia, Lucrezia, Tochter von Papst Alexander VI. (1480–1519) 168
Borke 26
Bornitrid 41
Borodin, Aleksandr Porfirjewitsch, russ. Komponist (1834–1887) 140
Boswell, James, engl. Schriftsteller (1740–1795) 172
Bow, Clara, US-amerikan. Filmschauspielerin (1905–1965) 169
Bowdler, Thomas 168
Brancusi, Constantin, rumän. Bildhauer (1876–1957) 7
Brezel 80
Briefmarke 21, 31, 148, 149
Brieftaube 128
Briefträger 20, 175
Bronstein, Lew Dawidowitsch 144
Brown, William Hill 97
Browning, Robert, engl. Dichter (1812–1889) 177
Brust 142, 163, 164
Brustwarzen 58
Buch 7, 33, 51, 56, 57, 59, 60, 75, 78, 90, 137, 138, 143, 145, 147, 151, 153, 172
Buchinger, Matthias 137
Bulimia 26
Bundeskanzler 155
Buonaparte → Napoléon
Burke 173
Büroklammern 114
Busen 163
Busenbaum, Hermann, kathol. Moraltheologe (1600–1668) 122
Bush, Dr. Vannevar 97
Butchell, Martin van 174
butterfly 18
Byron, George Gordon Noel Lord, englischer Dichter (1788–1824) 169, 170

Cabot, Giovanni alias John, italien. Seefahrer, in engl. Diensten, seit 1498 verschollen 96
Cabot, Sebastiano, italien. Seefahrer (spätestens 1484–1557) 96
Cabrillo, Juan 92
Cadiz, Herzog von 167
Caffee 146
Calafia 92
Callgirlring 166
Camorra 129
Capote, Truman, US-amerikan. Schriftsteller (1924–1984) 174
Carceri 182
Carrol, Lewis, eigtl. Charles Lutwige Dodgson, engl. Schriftsteller (1832–1898) 149
Carteret, Sir George 100
Casanova, Giacomo Girolamo, Chevalier de Seingalt, italien. Abenteurer und Schriftsteller sowie Verfasser bedeutender geisteswissenschaftl. Science fiction (1725–1798) 171
Caesar, Gaius Julius, röm. Staatsmann (100–44 v. Chr.) 22, 32, 143
Cashewnuß 21
Castro Ruz, Fidel, kuban. Politiker (geb. 1927), seit 1959 Ministerpräsident 115
Catgut 61
Cavour, Camillo Benso, Graf, italien. Staatsmann (1810–1861) 155
Ceauşescu, Nicolae, rumänischer Politiker (1918–1989), seit 1974 allmächtiger Präsident 113, 124
Cervantes Saavedra, Miguel de, span. Dichter (1547–1616) 140, 146
Chabert, Ivan Ivanitz 138
Chaining 91
Chalatow, Artaschetz Bagratowitsch 120
Chamäleon 20
Champlain, Samuel de (1567–1635), französ. Offizier, Kolonialpionier 103
Chandler, Cissy 162
Chandler, Raymond Thornton, US-amerikan. Kriminalschriftsteller

und Drehbuchautor (1888–1959) 162
Chaos 181
Chaplin, Sir Charles Spencer, engl. Filmschauspieler, Autor, Regisseur und Produzent (1889–1977) 149
Charles I., engl. König (1600–1649) 147, 173
Cheddar 34
Chenchu 169
Cheopspyramide 36, 90
Cheshire 27
Chesterton, Gilbert Keith, engl. Schriftsteller (1874–1936) 177
Chihuahua 34
Chili con carne 27
Chilperich I., Frankenkönig, Merowinger (539–584) 111
Chips 27
Chloroform 162
Chop Suey 61
Christie, Dame Agatha Mary Clarissa, engl. Erzählerin (1890–1976) 80
Christine, Königin von Schweden (1626–1689) 153, 167
Churchill, Sir Winston Leonard Spencer, brit. Politiker (1874–1965) 142, 162
CIA 115
Cinderella 75
Clark, William (1770–1831), US-Captain und Entdeckungsreisender 95, 99, 101
Clemens, Samuel Langhorne 147
Clemenskirche 31
Coca Cola 27
Cohol, Al 146
Coitus 174
Colosseum 80
Colson, Charles 145
Colter, John 104
Computer 97
Cook, James (1728–1779) 94
Corday, Charlotte de C. d'Armont (1768–1793) 86
Cornflakes 27
Coronado, Francisco Vasquez de 90, 96, 99, 100, 103

Croissant 58
Cromwell, Oliver, engl. Staatsmann und Heerführer (1599–1658) 90, 120, 144, 149
Cummins, Carolyn 163
Cummins, Ralph 163
Custer, George Armstrong, US-amerikan. Offizier (1839–1876) 93, 99

Dagobert I., Frankenkönig, Merowinger (um 605/10–639) 72, 79, 127
Damian 175
Dante Alighieri, der größte Dichter Italiens (1265–1321) 55, 147
Darwin, Charles Robert, brit. Biologe (1809–1882) 9, 154
Dattel 113
Daumennagel 24
Davies, William Henry, walis. Schriftsteller (1871–1940) 143
Defoe, Daniel, engl. Schriftsteller (1660–1731) 116
de la Warr, Lord 93
Delphin 14
denim 84
Desoxynukleinsäure 33
Despotie 124
Diamant 41
Dickichtroder 90
Didrik aus Bonn 81
Dietrich, Marlene, eigtl. Maria Magdalena von Losch, Filmschauspielerin und Sängerin (geb. 1901) 171
Dietrich von Bern, Gestalt der german. Heldendichtung 81
Dillinger, John 154
Di Maggio, Joe 144
Diphtherie 22
Disney, Walt E., US-amerikan. Trickfilmzeichner und Filmproduzent (1901–1966) 141, 152, 153
Disraeli, Benjamin, brit. Staatsmann (1804–1881) 22
Doderer, Heimito von, Schriftsteller (1896–1966) 179
Dodo 12
Dolgorukow 161

Dom Antonio 114
Domesday Book 56
Donaudelta 62
Dopieralski, Gertrud 150
Doppelmonarchie 83
Dosenbier 34
Dostojewskij, Fjodor Michajlowitsch, russ. Schriftsteller (1821–1881) 170
Douglas, Kirk 137
Drache 43, 64, 82, 175, 176
Drachenbett 47
Drachenblut 182
Drachenei 49
Drachenjahr 44
Drachenkinder 47
Drachentor 49
Drake, Sir Francis, engl. Seeheld (um 1540 bis 1596) 92
Dreierkombinationen 33
Drogensucht 26
Dschugaschwili, Jossif Wissarionowitsch 144
Ducornet, César 137
Dudelsack 29, 127
Dynamit 21

Eber 43
Eberkastrierer 152
Eckstein, Wolfgang 161
Edison, Thomas Alva, US-amerikan. Elektrotechniker (1847–1931) 147
Edward II., engl. König (1284–1327) 167
Edward VII., engl. König (1841–1910) 168
Edward VIII., engl. König (1936) (1894–1972) 131, 148
EG-Schwein 55
Ei 15, 19, 43, 163, 166, 172
Eifel 31, 51, 53, 55, 80, 81, 87, 113, 150, 151, 163, 179
Eiffel, Alexandre Gustave, französ. Ingenieur (1832–1923) 139
Eiffelturm 36, 40
Eimer 36
Einhändiger 28
Einstein, Albert, Physiker (1879–1955) 84, 181

Eis 36
Eisberge 36
Eisen 34
Eisenbahnkonvention 153
Eiskrem 58
Eisscholle 36
Ejakulation 35, 43
Elch 30
Elefant 16, 161
Eleonore von Aquitanien, Eleonore von Poitou, Erbtochter Wilhelms X. von Aquitanien (um 1122 bis 1204) 167
Elisabeth, Kaiserin von Österreich und Königin von Ungarn (1837–1898) 83
Elisabeth Petrowna, russ. Kaiserin (1709–1762) 141
Elizabeth I. Königin von England (1533–1603), Tochter Heinrichs VIII. und Anna Boleyns 103, 122, 147, 149
Elizabeth II., Königin von Großbritannien und Nordirland, Haupt des Commonwealth (geb. 1926) 148
Engels, Friedrich, Kaufmann (1820–1895) 136, 148, 162
Entspannung 74
Enzyklopädie 110, 180
Epimenides, Priester und Seher aus Kreta, lebte um 600 v.Chr. in Athen 141
Epsilon Aurigae 39
Erdapfel 21
Erdbeben 36
Erdbeere 27
Erde 38
Erdnüsse 21
Erdöl 34
Erhard, Ludwig, Politiker (1897–1977) 86
Ericson, Leif, Wikinger, endeckte von Grönland aus die amerikanische Nordostküste 97
Ermenrik, Ostgotenkönig (gest. 375) 73
Erntebier 52
Escher, Maurits Cornelis, niederländ. Graphiker (1889–1972) 182

Eselscruzifixus 81
Eselslippe 45
Eselsmesse 81
Eselsnomaden 81
Eselsschreie 81
Eselstradition 81
Eselstritt 20
Eselzüchter 53
Ethelred der Unfertige, engl. König 165
Ethos 131
Euler, Leonhard, schweizer. Mathematiker (1707–1783) 39
Exponentialfunktion 39
Expreßreiter 105

Fabeltier 176
Falabella-Pferde 17
Falter 12
Fan-Post 152
Farbenspiel 178
Faultier 15, 17
Fegge, dänischer König, Vater Hamlets, von Frau und Bruder erschlagen 110
Feldschnecken 168
Femtometer 39
Fiaker 58
Fields, W. C., US-amerikan. Schauspieler (1879–1946) 139, 146
Finkel (gest. 1937) 122
First Jersey National Bank 128
Fischart, Johann, genannt Mentzer (Mainzer), Satiriker (um 1546 bis vor Ende 1590) 179
Fischer 62
Fischfresser 63
Fitzgerald, Francis Scott Key, US-amerikan. Schriftsteller (1896–1940) 170
Flagellanten 106
Fledermaus 11, 15
Fliege 11, 18, 25
Fliegeneier 130
Floh 18, 52, 153
Flugzeugträger 18
Flunder 19
Flynn, Errol, US-amerikan. Schauspieler (1909–1959) 152

Ford, Gerald Rudolf, 38. Präsident der USA (geb. 1913) 143
Ford, Henry, US-amerikan. Industrieller (1863–1947) 147
fraktale Geometrie 182
Franklin, Benjamin, nordamerikan. Staatsmann (1706–1790) 139, 149, 169
Franz Joseph I., Kaiser von Österreich und König von Ungarn (1830–1916) 83
Französische Revolution (1789–1799) 54, 86, 87
Freies Spiel des Geistes 180
Freitag 32
Frei-Whisky 68
Freizeit 66
Fremdsprachen 10
Freud, Sigmund, Nervenarzt (1856–1939) 22
Friedrich II., König von Sizilien und röm. Kaiser (1194–1250)
Friedrich II., der Große, König von Preußen (1712–1786) 138, 146
Friedrich Wilhelm I., König von Preußen, der »Soldatenkönig« (1688–1740) 139
Frostbeule 25
Früchte 21
Frühlingsjahresgleiche 44
Fuß 25
Fußball 31, 147
Fußballtor 76

Gable, Clark, US-amerikan. Filmschauspieler (1901–1960) 139
Gabriel, Erzengel 145
Gadsen, US-Politiker 91
Galaxis 39
Galilei, Galileo, italien. Mathematiker und Philosoph (1564–1642) 135
Gallium 41
Gandhi, Mahatma, Führer der ind. Unabhängigkeitsbewegung (1869–1948) 22
Garbo, Greta, schwed. Filmschauspielerin (geb. 1905) 145
Garibaldi, Giuseppe, italien. Freiheitskämpfer (1807–1882) 136

Garland, Judy, US-amerikan. Sängerin und Schauspielerin (1922–1969) 22, 143
Garnelenauge 45
Gastprostitution 172
Gaugrehweiler 117
Gauguin, Paul, französ. Maler, Graphiker und Bildschnitzer (1848–1903) 147
Gefiederte Schlange 43
Geheimdienst 157
Geheimdienstpriester 156
Gehirn 18, 35
gehörnlos 45
Geister 32
Gelber Drache 48
Gelber Kaiser 47
Geldgier 26
Gemiani 174
Gemüse 21
Gen-Egoismus 33, 163
Genick 149
Genoveva 150
Geometrie 182
Georg I., König von Großbritannien, als Georg Ludwig Kurfürst von Hannover (1660–1727) 164
Georg II. August, König von Großbritannien, zugleich Kurfürst von Hannover (1683–1760) 94
Georg III., König von Großbritannien, als Georg Wilhelm Friedrich zugleich Kurfürst, seit 1814 auch König, von Hannover (1738–1820) 104
Georg V., König von Großbritannien, seit 1911 Kaiser von Indien (1865–1936) 148
Georg VI., eigtl. Albert, König von Großbritannien (1895–1952) 170
Gepard 17
Geronimo, Anführer der Apachen (1829–1908) 100, 139
Gerson, Johannes, eigtl. Jean Charlier, französ. Theologe (1363 bis 1429) 121
Geruchssinn 24
Geschlechtsakt 166
Geschlechtshormone 166

Getty, John Paul 137
Gillette-Klinge 78
Giraffe 15, 168
Girl Scouts of America 94
Gladstone, William Ewart, brit. Staatsmann (1809–1898) 138
Glatze 20
Glenn, John Herschel, US-amerikan. Astronaut und seit 1974 Senator von Ohio (geb. 1921) 61
Glockenspiel 52
Glücksspiel 139, 157
Goebbels, Paul Joseph, NS-Politiker (1897–1945) 111
Goddard, Robert Hutchins, US-amerikan. Physiker, Pionier der Raketentechnik (1882–1945) 97
Gold 38, 41
Goldfisch 14
Golem 136
Golf 147
Golfball 31
Golfclub 112
Gondel 51
Gorbatschow, Michail Sergejewitsch, sowjet. Politiker (geb. 1931) 74
Gorgias von Epirus 163
Gorilla 16
Goethe, Johann Wolfgang von (1749–1832) 78, 87, 154, 179
Gottesanbeter 169
Goyathlay 139
Graphit 41
Grass, Günter, Schriftsteller (geb. 1927) 179
Gray, Robert 101
Graz 80
Graziella, römische Philosophin 7, 175, 176
Green 123
Grille 11
Grisley, Graf de 170
Grizzly-Bär 66
Gromyko, Andrej Andrejewitsch, sowjet. Politiker (1909–1989) 144
Große Bilder 33
Große Mauer 31
Großironiker 179
Grundbirne 21

Grüne Minna 60
Guillotine 51, 86
Guinness Book of Records 75
Gulasch 60
Gumbel, Emil Julius, Mathematiker, Philosoph, Pazifist, Schriftsteller (1891–1966) 120
Gumm, Frances 143
Gummi 41
Gurke 21
Gustafsson, Greta 145

H 129
Haar 24
Haeckel, Ernst, Zoologe und Naturphilosoph (1834–1919) 154
Hackordnung 33
Hadrian, röm. Kaiser (76–138) 22
Hadrian VI., Papst (reg. 1522–1523) 136
Hagelschlag 23
Haie 15, 19
Haken, Hermann 182
Hallerbach, Severin 150
Halley, Edmond, engl. Mathematiker und Astronom (1656–1742) 38
Hamlet, dänischer Prinz auf Mors, Titelfigur eines Trauerspiels von Shakespeare 1, 110
Hämorrhoiden 22
Handlungstheologie 106
Hare 173
Harem 165, 167
Haselstrauch 128
Hausarbeit 162
Hausen 13
Haustierfutter 59
Haut 24, 54, 173
Hebräisch 113
Heceta, Bruno 104
Hegel, Georg Wilhelm Friedrich, Philosoph (1770–1831) 9, 149
Heilserwartung 184
Heinrich II., vormals Heinrich von Anjou, engl. König (1133–1189) 167
Heinrich VII., engl. König (1457–1509) 139
Heinrich VIII., engl. König (1491–1547) 125, 162
Heiratsvermittlungsbüro 20
Hemingway, Ernest, US-amerikan. Schriftsteller (1899–1961) 153
Hengst 43
Henker 51, 121, 123
Henri 175
Herbstjahresgleiche 44
Hering 14
Heristal 163
Hermaphrodit 162
Herodes Antipas, Sohn Herodes' des Großen, jüd. König (39 n. Chr. von Caligula verbannt) 89
Herodot, griech. Geschichtsschreiber (490 v. Chr. bis etwa 425–420 v. Chr.) 55
Heroin 26
Herz 25
Herzl, Theodor, jüd. Schriftsteller (1860–1904) 136
Hess, Moses, jüd. Schriftsteller (1812–1875) 136, 148
Hess, Rudolf, Politiker (1894 1987) 142
Heuschrecke 11
Heuss, Theodor, Politiker und Schriftsteller (1884–1963) 181
Hexagramm 33
Hexe 26
High Noon 124
Hill 123
Hillhouse, Sarah Porter 94
Hilsner 88
Himmiherrgotzsakramentzefixallelujaglumpfarregtz 32
Hintern 167
Hitler, Adolf, nationalsozialistischer Politiker (1889–1945), 114, 139, 149
Hochzeitsnacht 163, 165, 167
Hoher Himmel 133
Holunder 26
Holzbein 149
Homonym 32
Honig 10, 31, 131, 151
Hood, Robin, Held vieler engl. Volksballaden (14./15. Jahrhdt.) 130

Hope, Bob, eigtl. Leslie Townes Hope, US-amerikan. Komiker engl. Herkunft (geb. 1903) 138
Hosenwurm 160
Howe, Elias, US-amerikanischer Mechaniker (1819–1867), baute die erste brauchbare Nähmaschine 97
Hudson, Henry (um 1550–1611) 93, 100, 101, 102
Hugo, Victor, französ. Dichter (1802–1885) 145
Huhn 13, 19
Hummel 11
Hummer 14, 19
Hunde 17, 20, 142
Hundeschlitten 20
Hunt, Walter 154
huracán 40
Hurrikan 40, 101
Hussiten 60
Huxley, Thomas Henry, engl. Zoologe (1825–1895) 154

Ibsen, Henrik, norweg. Dichter (1828–1906) 28
Ideogramm 49
Idiosynkrasie 145
Igel 18
I Ging 33
Impressionisten 51
Index 153
Indianapolis 145
Individuum 106
Infektionskrankheit 105
Influenza 25
Insekten 9, 10
Irving, Washington, US-amerikan. Schriftsteller (1783–1859) 141
Islam 79, 156
Iwan IV. Wassiljewitsch, genannt »der Schreckliche«, Großfürst und Zar (1530–1584) 165

Jack the Ripper, unbekannter Londoner Mörder von mindestens sieben Frauen (alle Prostituierte) in der in der Nähe des Whitechapel Distrikts. Die Morde geschahen zwischen dem 7. August und dem 10. November 1888 und wurden nicht aufgeklärt. Ein hoher Polizeioffizier trat zurück. 22, 144

Jackson, Andrew, 7. Präsident der USA (1767–1845) 98
Jackson, Harry 129
Jade 50
Jahr des Kleinen Drachen 48
Jahwe, Name Gottes im Alten Testament, wurde wegen seiner Heiligkeit nicht ausgesprochen. 81
James I., König von England, als James VI. (seit 1567) König von Schottland (1566–1625) 59, 173
James II., König von England, als James VII. König von Schottland (1633–1701) 93, 100, 101, 147
James, Claude St. 153
James, Jesse 154
Jeanne d'Arc, französ. Nationalheldin (1410/12–1431) 106, 121, 126
Jefferson, Thomas, 3. Präsident der USA (1743–1826) 96
Jesuiten 55, 76, 133
Jesus 51, 119, 124
Jiaolong 47
Johannes, Evangelist 152
Johannes, Mönch 150
Johannes XII., Papst (reg. 1316 bis 1334) 171
Johannes XXIII., Papst (reg. 1958–1963), vorher Angelo Giuseppe Roncalli (1881–1963) 153
Johann ohne Land, König von England (1167–1216) 112, 156
Johnson, Andrew, 17. Präsident der USA (1808–1875) 90
JoJo 62
Jolliet 95, 98, 101, 102
Joseph II. (1741–1790), römisch-deutscher Kaiser 117
Joseph, Chief der Nez Percé 99
Joyce, James Augustine Aloysius, irischer Schriftsteller (1882–1941) 147
Joyce, Peggy Hopkins 116
Juden 59, 113, 143
Julian, Dominikaner 157

Jungfrau 165, 173, 174
Jupiter 38

Kaffee 29, 30, 34, 154, 172
Kafka, Franz, Schriftsteller (1883 bis 1924) 61
Kaganowitsch, Lasar Moissejewitsch, sowjet. Politiker (geb. 1893) 122
Kahne, Harry 145
kaiserliche Drachen 46
Kaiserschnitt 152
Kaleidoskop 177
Kali, Göttin 53
Kalmar 14
Kamehameha I., König von Hawaii 94
Kamel 15, 18, 19, 45, 88, 123, 148
kamelos 88
Kamelringen 20
kamilos 88
Kanarienvogel 12
Känguruh 16
Kaninchenfloh 164
Kannibale 23
Kanone 153
Kapelle 88
Kaplan 88
Karate 54
Karl I. der Große, König der Franken, (seit 800) röm. Kaiser (747–814) 61, 163
Karl II. der Kahle, König des Westfränkischen Reichs (823–877) 111
Karl IX., König von Frankreich (1550–1574) 92
Karl I., englischer König (reg. 1625–1649) 92, 96
Karl II., englischer König (reg. 1660–1685) 92, 93, 102
Karl V., röm.-deutscher Kaiser (1500–1558) 140
Karl der Einfältige 111
Karl von Grumbach, Rheingraf 117
Karl Magnus 117
Karpfen 45
Kartenspiel 82
Kartoffel 21, 34
Kartoffelkeller 61

Käse 27, 34, 62, 138
Kastilien 106
Kater 166
Katharina Gräfin von der Marck 150
Katharina II., die Große, Kaiserin von Rußland (1729–1796) 62, 165, 173, 174
Katharina von Medici, Königin von Frankreich (1519–1589) 162
Katz 136
Katze 17, 142, 166
Kaviar 13
Kennedy, Edward Moore, US-amerikan. Politiker (geb. 1932) 123
Kennedy, Harvey 152
Kennedy, John Fitzgerald, 35. Präsident der USA (1917–1963) 58, 127
Kennedy, Sekretär 58
Kerzen 116
Ketchup 57, 129
Keuschheitsgürtel 162
Kidnapper 126
Kilroy, James 152
Kilt 29
Kim, korean. Wunderkind 75
Kindsmord 126
Kinsey, Alfred, US-amerikan. Zoologe (1894–1956) 174
Kipling, Rudyard, engl. Schriftsteller (1865–1936) 28, 146
Kirschbaum 42
Kirschbaumblatt 21
Kiwi 12
Klapperschlange 19
Klavier 29
Kleenex 77
Kleopatra, ägypt. Königin (69–30 v. Chr.) 59
Klinophobie 25
Klostermann, Karel, tschech. Schriftsteller (1848–1923) 115
Knecht 52
Knoblauch 21
Knollys, Sir Robert 130
Knut II., der Große (um 995 bis 1035), König von England (reg. 1016–1035), König von Norwegen (reg. 1028–1035) 130

Koala 16
Kochkessel 58
Kohl, Helmut, Politiker (geb. 1930) 155
Kokosnuß 21
Kolibri 12
Kolumbus, Christoph (1451–1506), Seefahrer und Wiederentdecker Amerikas 108
Kommunismus 130, 148
Kondom 161
Konfetti 61
Konfiguration 178, 180
Konstantinopel 145
Köpenickiade 88
Kopulieren 170
Korken 56
Korn 76
Körpertemperatur 43
Korruption 33
Korsett 29
Krabbenverschlingen 54
Krawatte 66
Krebs 15
Krebs, Emil 150
Kreß von Kressenstein, Friedrich Freiherr von 82
Kreuzfahrer 58, 157
Kreuzworträtsel 56
Kristallisationskern 33
Krokodil 13
Krokodilschwanzsteak 19
Krokus 21
krumpir 21
KSZE, Konferenz über Sicherheit und Zusammenarbeit in Europa, 1973 in Helsinki eröffnet 83
Kuckuck 53, 147
Kugelschreiber 143
Kuh 34
Kuhmilch 15
Kuilong 47
Kumyß 34
Kung fu 66
Kunstdünger 20
Kunstfurzer 138
Kunstmann, Heinrich, Münchner Slawist 69, 70
Kuriltai 157
Kuß 32, 164

Kyrill, Geistlicher und Gelehrter (826/27–869) 74
Kyros II., der Große, der Ältere, König der Perser (gest. 529 v. Chr.) 144

La Barratte 27
Lachgas 62
Ladd, Alan, US-amerikan. Filmschauspieler (1913–1964) 144
Lamb, Lady Caroline 170
Langerhanssche Inseln 35
Langevin, Paul, französ. Physiker (1872–1946) 182
Languste 19
Lanze 84
Lärche 42
La Salle, René Robert Cavelier, Sieur de, französ. Seefahrer (1643–1687) 91, 95, 96, 98, 99, 101, 102
Laus 52
Lauterwasser, F. P., deutscher Metzger 66
La Vérendrye, Pierre Gaultier de Varenne, Sieur de (1685–1749) 93
La Vérendrye, François 93, 99
La Vérendrye, Louis-Joseph 93, 99
Leibarzt 165
Leibniz, Gottfried Wilhelm Freiherr von, Philosoph, Mathematiker, Physiker und Techniker, Jurist und polit. Schriftsteller, Geschichts- und Sprachforscher (1646–1716) 33, 61
Lenin, Wladimir Iljitsch, russ. Politiker (1870–1924) 144
Lentini, Frank 167
Lenz 163, 175, 176
Leonardo da Vinci, italien. Maler, Bildhauer, Architekt, Naturforscher und Techniker (1452–1519) 136, 143
Leopold VI., der Glorreiche, Herzog von Österreich (1176–1230) 157
Lepra 106
Lewis, Henry 145
Lewis, Meriwether (1774–1809),

US-Captain und Entdeckungsreisender 95, 99, 101
Lewis-Clark-Expedition (1804–1806), von Th. Jefferson veranlaßte Entdeckungsreise in den äußersten NW der USA; → Lewis, Meriwether; → Clark, William
leyendra negra 156
Liebe 160
Liebesäpfel 22
Liebeslied 170
Liebhaber 131
Liechtenstein, Johann Fürst von 135
Liften 56
Ligne, Charles Joseph, Fürst von, österreich. Feldmarschall (1735–1814) 155
Lilien 21
Lilong 47
Lincoln, Abraham, 16. Präsident der USA (1809–1865) 58, 139, 141
Lincoln, Sekretär 58
Linkshänder 22, 24, 144
Linné, Carl von, schwed. Naturforscher (1707–1778) 181, 182
Linus, der 1. Nachfolger des hl. Petrus als Bischof von Rom (Pontifikat 67–76) 81
Lolona (Lolonois, François), Seeräuber 121, 183
Lotse 147
Lottchen 160
Lotterie 130
Louis Napoléon (1808–1873), urspr. Charles Louis Napoléon Bonaparte, als Napoléon III. 1852–1870 Kaiser der Franzosen 166
Low, Juliette 94
Löwenhoden 173
Lubjanka 122
Lucas 173
Luccheni, italien. Anarchist 83
Ludwig XIII., französ. König (1601–1643) 77
Ludwig XIV., französ. König (1638–1715) 96, 111, 117, 143
Ludwig XVI., französ. König (1754–1793) 171
Luftmolekül 39
Lukas, Evangelist 143

Lully, Jean-Baptiste, französ. Komponist italien. Herkunft (1632–1687) 141
Lunge 25
Luzifer, gefallener Engel 145

MacDonalds 51
Made 57
Magd 52
Magee, Carl 152
Magenwände 164
Magna Charta 157
Magnesium 41
Mais 76
Maismehl 36
Malaria 23
Malory, Sir Thomas, engl. Schriftsteller (um 1400 bis 1471) 127
Mandelbrot, Benoît 182
Manderscheid-Blankenheim 87
Manichaeus 151
Mann, Erika, Schriftstellerin (1905–1969) 164
Mann, Thomas, Schriftsteller (1875–1955) 164, 179
Mao Zedong, chines. Politiker (1893–1976) 29, 48, 76, 83, 85
Marat, Jean Paul, französ. Revolutionär (1743–1793) 86
Marcos, Ferdinand, philippin. Politiker (geb. 1917) 131
Marder 41
Marduk 43
Margarine 80
Maria I., die Katholische oder die Blutige, engl. Königin (1516–1558) 96
Maria Stuart, Königin von Schottland (1542–1587) 112, 142
Maria II. Stuart, engl. Königin (1662–1694) 51
Marie-Antoinette, französ. Königin (1755–1793) 171
Mark Twain, US-amerikan. Schriftsteller (1835–1910) 28, 147
Markus, Evangelist, Mitglied der Urgemeinde in Jerusalem 81
Marlowe, Christopher, engl. Dramatiker (1564–1593) 116

Marquette, Jacques (1637–1675) 95, 98, 102
Marsch der Tränen 101
Marx, Karl Heinrich, Philosoph und Nationalökonom (1818–1883) 136, 148, 162
Marx-Brothers, musikal. Komiker des US-amerikan. Vaudeville-Theaters und Films 139
Masaryk, Tomáš Garrigue, tschechoslowak. Politiker (1850–1937) 88
Mason, John 100
Maugham, William Somerset, engl. Schriftsteller (1874–1965) 153
Maulwurf 17
Die Mausefalle 80
Mäusefell 60
Mäusemilch 20
Maximilian Erzherzog von Österreich (1832–1867), Kaiser von Mexiko (1864–1867) 83
Mayflower 97
Meade, Miriam 145
Medizinerin 52
Medvjed 80
Meer 35
Mehrheitsdemokratie 121
Mendel, Gregor Johann (1822–1884) 161
Menelik II., Kaiser von Äthiopien (1844–1913) 153
Menstrualblut 165
Merenptah, Meneptah, ägypt. König (1224–1204 v. Chr.) 153
Merowech 151
Mesas 58
Messiah-Krieg 93
Meteor 42
Method, Mönch und Erzbischof (vor 820 bis 885) 74
Mezzofanti, Kardinal 147
Michael, Erzengel 145
Michelangelo, italien. Bildhauer, Maler und Architekt (1475–1564) 140, 167
Micky Mouse 136, 152
Milch 42, 63
Milton, John, engl. Dichter (1608–1674) 140

Minuit, Peter 101
Mirabeau, Honoré Gabriel de Riqueti, Graf von, französ. Politiker (1749–1791) 86
Miramolin → Amir al-Mu'minīn
Miramumelius → Amir al-Mu'minīn
Mirbach, Graf 114
Missouri-Kompromiß 96
Möbius, August Ferdinand, Mathematiker und Astronom (1790–1868) 182
Mohammed (um 570 bis 632), Prophet Allahs und Stifter des Islam 28, 142
Mohammed an-Nassir, Almohaden-Sultan von »Afrika, Marokko und Spanien« (1199–1213) 112, 156
Mollusken 9
Molly 147
Mondfinsternis 42
Mondpyramide 36
Mondschein 32
Monet, Claude Oscar, französ. Maler (1840–1926) 51
Mongolen 46, 55, 78, 79, 105, 113, 146, 154, 156
Monopoly 127
Monroe, James, 5. Präsident der USA (1758–1831) 109
Monroe, Marilyn, eigtl. Norma Jean Mortenson oder Baker, US-amerikan. Filmschauspielerin (1926–1962) 144, 174
de Montalvo, Garci Rodríguez (oder Ordóñez), span. Schriftsteller (15./16. Jahrhundert) 92
Moral 131
Morgan, Thomas Hunt, US-amerikan. Zoologe (1866–1945) 161
Morologie 35
Morris, Esther 104
Morrison, Marion Michael 146
Moskito 11
Motte 11
Mücke 11
Muhammad an-Nassir → Mohammed an-Nassir
Mumie 89

205

Münzhort 86
Murmelin → Amir al-Mu'minīn
Murmelius → Amir al-Mu'minīn
Musikantenknochen 25
Musikautomaten 27
Muskat 26
Muskel 24
Musset, Alfred de, französ. Dichter (1810–1857) 174
Mussolini, Benito, italien. Politiker (1883–1945) 167

Nachtgewand 62
Nachttopf 61
Nacktparty 125
Nadelöhr 20, 88
Naga 44
Nagelreiniger 114
Nagetier 9, 34
Napoléon Buonaparte (1769–1821), als Napoléon I. 1804–1821 Kaiser der Franzosen 22, 51, 80, 83, 84, 85, 86, 89, 110, 111, 140, 167, 171
Narwal 19
Nase 56
Nasenflügelzucken 27
Nasenlöcher 12
Nasenscheidewand 24
Nashorn 15, 164
Nasopharyngitis 25
NATO, North Atlantic Treaty Organization, Nordatlantikpakt, 1949 geschlossenes Verteidigungsbündnis 128
Naturschwamm 19
Nedzi, Lucie 119
Negri, Pola, eigtl. Barbara Apolonia Chalupiec, polnische US-Filmschauspielerin (1894/97 bis 1987) 150
Nelson, Horatio, brit. Admiral (1758–1805) 22
Němcová, Božena, tschech. Schriftstellerin (1820–1862) 61
nemesis divina 181
Nero, röm. Kaiser (37–68) 152
Nertschinsk 132
Nervensystem 116
Nestor-Chronik 69
Netze 12

Neuhof, Theodor Freiherr von 150
Nibelungen 80
Nicolet, Jean 104
Niebelschütz, Wolf von, Schriftsteller (1913–1960) 180
Niederländische Westindien-Compagnie 93
Niederrhein 22, 26
Nieser 27
Niflunge 80
Nightingale, Florence, engl. Krankenpflegerin (1820–1910) 149
Nikolaus 138, 144
Nilpferd 10, 14, 15, 41
Nixon, Richard Milhous, 37. Präsident der USA (geb. 1913) 145
Noah 152
Normannisten 69
Nukleotidbasen 33
Nu Wa, Urmutter aller Chinesen 48
O 129
Ochse 52
Oft 155
Ohm, Georg Simon, Physiker (1789–1854) 141
Ohr 24, 165
Ohrring 62
Ohrwurm 10
Oktoberrevolution, bolschewist. Umsturz am 25./26. 10. 1917 a. St. bzw. am 7./8. 11. 1917 n. St. 84
Olivenöl 35
Omar-i Chajjam, pers. Dichter, Mathematiker und Astronom (1048–1131) 144
omphalos (griech., Nabel) 183
Opium 89
Orangenschalen 164
Orakelsystem 33
Orang-Utan 16
Oregon-Vertrag 104
Orgie 174
Orion 52
Oscar 88, 141
Der Osten ist blau 48
Ostern 94
Otto III., deutscher König und röm. Kaiser (980–1002) 150
Otway, Thomas 152

Panama-Hut 31
Papageienfluß 66
Paperback 78
Papier 82
Parfum 57
Parkschein 30
Parkuhr 30, 152
Pasteurella pestis 105
Paterson, Mary 173
Patriarch 81
Patrick, Patricius, Heiliger, »Apostel« und Schutzpatron Irlands (geb. um 385, gest. 461) 140
Patton, General 115, 147
Paul IV., Papst (reg. 1555–1559) 167
Paul V., Papst (reg. 1605–1621) 135
Paul VI., Papst (reg. 1963–1978) 135
Paulus, Heidenapostel (10–um 64) 144
Ped-X-ing 58
Peitsche 40
Penis 153, 161, 164, 166, 167, 172
Penn, William (1644–1718), Gründer von Pennsylvania 93, 102
Pepys, Samuel, engl. Schriftsteller (1633–1703) 164
Pest 26, 105
Pestalozzi, Johann Heinrich, Erzieher und Sozialreformer (1746–1827) 141
Pestfloh 105
Peter I., der Große, Zar und Kaiser von Rußland (1672–1725) 62, 90, 122, 167, 170
Petrus, einer der 12 Jünger Jesu (gest. um 64 n.Chr.) 81
Pfauenhahn 56
Pfeffer 153
Pfeifenreiniger 114
Pfeifsprache 52
Pferde 17
Pferdekopf 45
Pfirsich 51
Pflanzenpollen 40
Pharao 116
Philosophie des Als-Ob 180
Phoenix 47
Picasso, Pablo, span. Maler, Graphiker, Bildhauer, Keramiker und Dichter (1881–1973) 140

Piktogramm 49
Pilatus, Pontius, röm. Prokurator von Judäa (reg. 26–36) 146
Pineda, Alfonso de 103
Pinkerton, Allan 142
Pippin der Ältere, Hausmeier (gest. 640) und Vater Berthas 163
Piranesi, Giovanni Battista, italien. Kupferstecher, Archäologe, Baumeister (1720–1778) 182
Playas 57
Pobacken 164
Pognophobie 25
Pokern 153
Polo, Marco (1254–1324), der bekannteste Asienreisende im MA 144
Ponce de Leon, Juan, span. Dichter (um 1460–1521) 94
Pontiac (um 1720–1769), Häuptling der Ottawa-Indianer aus der Gegend von Detroit 95, 101
Pontiac-Krieg (1763/1764) 95, 98
Popham, Sir John 136
Pörkölt 60
Pornographie 130
Professor 32
Profit 32
Prokofieff, Sergej, russ. Komponist (1891–1953) 142
Prostituierte 166, 172, 173, 174
Prostitution 33
Psychiater 23
Psychoanalytiker 23
Ptolemäus IV., ägypt. König (reg. 221–204 v.Chr.) 141
Puccini, Giacomo, italien. Komponist (1858–1924) 169
Pujol, Joseph 138
Pygmäe 128
Pythagoras, griech. Philosoph (um 570 bis 497/96 v.Chr.) 28
Python 19

Qubilai Chan (1215–1294), Großchan (ab 1259) und Begründer der Yüan-Dynastie 46
Qiulong 47
Quecksilber 41

Quing-Dynastie der Mandschu, letztes Herrscherhaus Chinas (1644–1911) 47, 48, 132

Rabenwald 53
Rajk, László, ungarischer Politiker (1909–1949) 120
Raleigh, Sir Walter, engl. Seefahrer (1552–1618) 59, 167
Rastelli, Enrico, italien. Jongleur (1896–1931) 150
Ratifikation 134
Ratte 17, 20
Ravel, Maurice, französ. Komponist (1875–1937) 28, 154
Raubkrieg 117
Rauchen 59
Raupe 11, 12
Reagan, Nancy 120, 129
Reagan, Ronald Wilson, 40. Präsident der USA (geb. 1911) 129
Rechtshänder 24
Regenwurm 171
Rehgehörn 45
Reichskanzlei 157
Reichswehr 114
Reispapier 30
Relativitätstreppen 182
Rembrandt, eigtl. Rembrandt Harmensz van Rijn, holländ. Maler (1606–1669) 153
Renaissance 105, 106
Rennpferde 18
Renwick, David 162
Revere, Paul 125
Rhabarber 21, 79
Rheinische Zeitung 148
Rhinozeros 17
Rhodopygie 7
Richard I. Löwenherz, König von England (1157–1199) 111, 130
Richter, Klaus 161
Ride, P. 123
Riesenkrabbe 17
Riesenmuschel 57
Rilke, Rainer (eigtl. René) Maria, Dichter (1875–1926) 166
Rimbaud, Arthur, französ. Dichter (1854–1891) 167
Rip van Winkle 141

Rjumin, M.D. 121
Rjurik 161
Robert 112, 156
Robespierre, Maximilien de, französ. Politiker (1758–1794) 86
Rodin, Auguste, französ. Bildhauer (1840–1917) 147
Roma Secunda 81
Rommel, Manfred 120
Rooney, Micky 136
Roosevelt, Franklin Delano, 32. Präsident der USA (1882–1945) 76
Rosen 21
Rosenkriege, Thronfolgekriege zwischen Lancaster und York von 1455 bis 1485 23
Ross, Nellie 104
Rote Armee 60, 114
Rote Garden 85
Roter Schwamm 14
Rousseau, Jean-Jacques, französ.-schweizer. Schriftsteller (1712–1778) 168
Ruderer 70
Rum 22
Rum, Insel 168
Ruotsi 70
Ruskin, John, engl. Schriftsteller, Maler und Sozialreformer (1819–1900) 163

Sachs, Hans, Dichter (1494–1576) 144
Sack und Asche 165
Sade, Donatien-Alphonse-François, Marquis de, französ. Schriftsteller (1740–1814) 169
Safran 21
Sahara 37
Sahne 42
Salamander 9
Salz 37, 89
Salzwasser 37
Samo, fränk. Kaufmann und slaw. König (gest. um 660) 72, 79
Sand, George, eigtl. Aurore Dupin, verheiratete Baronne Dudevant, französ. Schriftstellerin (1804–1876) 174

Sand 57, 183
Sandstrahlgebläse 183
Sandwich 29, 82
Sandwich
– Edward Montagu, 1. Earl of, engl. Admiral (1625–1672) 29
– John Montagu, 4. Earl of, brit. Politiker (1718–1792), nach ihm wurde das Sandwich benannt 29
Sanson, Charles 123
Santa Ana, Antonio Lopez de (1797–1867), mexikanischer General, später, nach dem Sturz Kaiser Augustins I. Präsident 103
Sarg 143
Säugetiere 9
Säulenheiliger 136
Schaf 61
Schäferhund 20
Schafzucht 106
Schamhaare 163, 170, 174
Schannat, Johann Friedrich 151
Schaukelstuhl 139
Scheffel, Joseph Viktor von, Schriftsteller (1826–1886) 9, 175
Schildkröte 19, 49, 147
Schimpanse 16
Schinken 55
Schlagzeile 115
Schlange 10, 13, 126, 170
Schlangentotem 45, 48
Schlieffen, Alfred, Graf von, preuß. Generalfeldmarschall (1833 bis 1913) 153
Schmalz 35
Schmalzdrüse 24
Schmetterling 11, 18
Schmidt, Arno, Schriftsteller (1914–1979) 179
Schmitze 40
Schmotzerin, Barbara 24
Schnecke 12, 170
Schnee 42, 57
Schnürsenkel 152
Schokolade 27
Schönberg, Arnold, Komponist (1874–1951) 28
Schrath, Hugo 75
Schraube 78
Schreckensherrschaft 84/85

Schreibmaschine 78
Schriftzeichensprache 33
Schrotel 162
Schuh 30
Schultze 28
Schulweisheit 1
Schuppen 42
Schwarze Messe 169
Schwarze Witwe 169
Schwarzer Rabe 60
Schwarzer Tod 105
Schwarzmeerseewölfe 168
Schwein 19, 20
Schwertfisch 14
Schwiegermutter 165
Sechsstrahlbuntsternvielfraß 179
Seehund 50
Seeotter 166
Seeschlange 45
Seil 61
Sekretärsvogel 12
Selbstmord 14, 23, 54
Sellerie 27
Sellers, Isaiah 147
Seneca, Lucius Annaeus, röm. Philosoph und Dichter (4 v. Chr. bis 65 n. Chr.) 67
Senf 149
Seward, William Henry, US-amerikan. Politiker (1801–1872) 90
Shakespeare, William, engl. Dramatiker, Schauspieler und Dichter (1564–1616) 112, 140, 141, 143, 168
Shaw, George Bernard, irischer Schriftsteller (1856–1950) 143
Shylock, jüdischer Geldverleiher in Shakespeares ›Der Kaufmann von Venedig‹, der auf Erfüllung seines Anspruchs auf ein Pfund Fleisch vom Leib des Schuldners besteht (sein histor. Vorbild ist im ›Chevalier von Geldern‹ beschrieben) 112
Sicherheitsnadel 154
Sieg, Gerda 150
silberblond 90
Simeon der Stylit 136
Sirup 57, 82
Sitzredakteur 88

Sixtinische Kapelle, päpstl. Hauskapelle im Vatikan, 1473 bis 1481 von Giovanni de'Dolci erbaut 167
Sklave 52, 55, 56, 67
Skorpion 18
Slawen 65–74, 79, 80, 83
Slowakischer Aufstand (August 1944) 62
Smith, George, Taxifahrer 28
Smith, Jedediah 100
Smith, John, engl. Abenteurer (1579 bis 1631) 96
Smog 36
Smolny 123
Societas Jesu 89
Soda 41
Sokrates, griech. Philosoph (470 bis 399 v. Chr.) 112, 144
Soldatenkönig 139
Solms, edelfreies Geschlecht des Lahngaus, 1129 bezeugt, seit 1226 Grafen 117
Solschenizyn, Aleksandr Issajewitsch, russ. Schriftsteller (geb. 1918) 131
Sonne 38
Sonnenaufgang 53
Sonnenfinsternis 42
Sonnenpyramide 36
Sonntagsausgabe 22
Sonntagsbeilage 83
Sophie 166
Soto, Hernando de, span. Konquistador (1486–1542) 90, 91, 94, 96, 98, 102
Spanholz 21
Spermie 43
Spinat 21
Spinne 12, 18, 40, 56
Spion 116, 146
Sprache 147
Sprachgebrauch 132
Sri Chinmoy 154
Staatsdiener 145
Stachelschwein 17
Stadtbauräte 116
Stadtschlüssel 87
Stahl 40
Stalin, Jossif Wissarionowitsch, russ. Politiker (1879–1953) 60, 62, 121, 135, 143, 144
Stamm, Orville 137
Stary, Giovanni 133
Stendhal, eigtl. Henri Beyle, französ. Schriftsteller (1783–1842) 165
Sternschnuppe 42
Sternzeichen 32
Stevenson, Robert Louis, schott. Schriftsteller (1850–1894) 144, 153
Stier 45
Stonehenge 80
Stör 13
Störfrequenzen 11
Straßenräuber 65
Stratzmann, Adam 24
Strauß 17
Straußenei 19
Streichholz 77
Strindberg, Johan August, schwed. Schriftsteller (1849–1912) 28
Studienordnung 119
Stürmer, Michael (FAZ) 135
Stutenmilch 26, 34
Stuyvesandt, Peter, niederländ. Gouverneur (um 1610–1672) 102
Sue, Eugène Marie-Joseph, französ. Schriftsteller (1804–1857) 173
Südpol 37
Suidgo, Häuptling 67
Sun Wu-kung 44
Supertramp 143
Süßwasser 37
Synergetik, interdisziplinäres Forschungsgebiet zur Beschreibung offener Systeme 182
Syphilis 165

Tabak 27, 59, 129
Tageszeitung 22
Takeshita, Noboru, japan. Premierminister 50
Tamatea 170
Tangerine 27
Tank 77
Tarantel 12
Taubstumme 77
Tausendfüßler 12

Taylor, Elizabeth, US-Filmschauspielerin (geb. 1932) 138
Tee 35
Teelöffel 38
Telefon 97, 140
Telefonzelle 75
Tempelritter 156
Tennis 58, 123
Tennisplatz 25
Tentakel 14
Teresia Benedicta a Cruce 142
Termite 12
Testikel 162
Theoderich der Große, König der Ostgoten (um 453 bis 526) 81
Theologie 124
Thomas von Aquino, Theologe und Philosoph (1225–1274) 106
Thorat, Balasaheb Patoji 120
Thorat, Maloji 120
Thunfisch 14
Tiefe Erde 133
Tiger 45
Tintenfisch 14
Tippet, Sir Michael 137
Toilette 22, 30, 31, 52, 61, 111
Toilettenpapier 30, 31
Tolstoi, Aleksej Konstantinowitsch, Graf, russ. Schriftsteller (1817–1875) 153
Tomate 22, 26, 130
Tonga, König von 174
Toomey, Reg, US-Filmschauspieler 164
Tories 112
Tornado 34
Townsend, Robert 145
Tranchot, Vermessungsoffizier unter Napoleon 51
Trichter 56
Tripletts 33*
Trockenfisch 29
Trollope, Anthony, engl. Schriftsteller (1815–1882) 142
Trotzkij, Lew Dawidowitsch, russ. Revolutionär und Politiker (1879–1940) 60, 144
Truman, Harry S, 33. Präsident der USA (1884–1972) 142
Truthahn 13, 76

Tryptophansynthetase 39
Tschinggis Chan, Begründer des mongolischen Weltreichs (1155 oder 1167–1227) 97, 107, 154, 156, 157
Tschita 17
Tuberkulosebazillus 106
Tucholsky, Kurt, Schriftsteller (1890–1935) 160
Tunney, Gene 141
Türkenmadonnen 55

U-Bahn 97
U-Boot 80
Uhrmacher 31
Uljanow, Wladimir Iljitsch 144
Universum 39
Unterernährung 25
Urin 22

Valentino, Rudolph, eigtl. Rodolfo Guglielmi di Valentino d'Antonguella, Schauspieler des amerikan. Stummfilms (1895–1926) 174
Vanille-Eis 27
Veitstänzer 106
Ventilator 40
Verazzano, Giovanni di, italien. Seefahrer und Entdecker 100, 101, 102
Vererbung 161
Verfassung 54
Verstopfung 22, 26, 79
Vespucci, Amerigo, italien. Seefahrer, in Spaniens und Portugals Diensten Entdeckungsreisen nach Südamerika (1452–1512) 108
Victoria, engl. Königin (1819–1901) 138, 141, 162, 170
Victoria Cross 77
Vinci → Leonardo da Vinci
Vulgäre 64

Waage 32
Wadi 58
Waldheim, Kurt, österreich. Politiker (geb. 1918) 135
Wale 14, 154

211

Walhai 15
Wallace, Alfred Russel, brit. Zoologe (1823–1913) 154
Wandteppich 181
Waräger 69
Washington, George, Feldherr und 1. Präsident der USA (1732–1799) 100, 101, 119, 151
Washington, Martha 115
The Washington Gazette 94
Wasser 21
Wasserfall 182
Wasserklosett 89
Wasserkrug 46
Wasserstoffatom 39
Wassertropfen 38
Watt, James, engl. Erfinder (1736–1819) 138
Wayne, John, US-Filmschauspieler, Regisseur und Produzent (1907–1979) 146
Weiers, Michael, Bonner Mongolist und Mandschurologe 133
Weihwasser 161
Wein 98
Weißwurst 29
Weizenschrot 77
Wells, Alice 144
Wells, Charles 152
Wesleyan College 94
Whisky 173
Wild- und Rheingrafen 117
Wilder Westen 52
Wilhelm II. (1859–1941), deutscher Kaiser und König von Preußen (1888–1918) 82
Williams, Oliver 144
Windsor, Herzog von 131
Wissenselement 180
Wissler, Susan 104
Wolken 42
Wollexportmonopol 106
Woolf, Virginia, engl. Schriftstellerin (1882–1941) 138
work in progress 182

Wren, Sir Christopher, engl. Architekt (1632–1723) 141
Würmer 10, 162
Wurzelsau 52
Wyman, Jane, eigtl. Sarah Jane Fuks, US-Filmschauspielerin (geb. 1914) 164

Yinglong 47
York, James Herzog von → James II.
Young, Bill 108
Yüan-Dynastie, mongol. Herrscherhaus Chinas (1278–1368) 46
Yule Junior, Joe 136
Yvo von Narbonne 159

Zahn 12
Zahnarzt 125
Zahnstocher 114
Zauberer 154
Zebra 15
Zeh 19, 53, 143, 167
Zeugnis 162
Zhan Yaoning, Karikaturist 44
Zhou Enlai, chines. Politiker (1898–1976) 76
Zhulong 47
Zigarette 61, 143
Zikade 11
Zionismus 136, 148
Zitat 184
Zitrone 27
Zogu I., König der Albaner, früher Ahmed Zogu (1895–1961) 154
Zola, Émile, französ. Schriftsteller (1840–1902) 149
Zollstock 40
Zoo 31
Zucker 27
Zündschlüssel 80
Zweig, Stefan, Schriftsteller (1881–1942) 108
Zwerglemuren 168

Rafik Schami im dtv

»Meine geheime Quelle ist die Zunge der anderen. Wer erzählen will, muß erst einmal lernen zuzuhören.«
Rafik Schami

Das letzte Wort der Wanderratte
Märchen, Fabeln und phantastische Geschichten
ISBN 3-423-10735-9

Die Sehnsucht fährt schwarz
Geschichten aus der Fremde
ISBN 3-423-10842-8

Der erste Ritt durchs Nadelöhr
Noch mehr Märchen, Fabeln & phantastische Geschichten
ISBN 3-423-10896-7

Das Schaf im Wolfspelz
Märchen & Fabeln
ISBN 3-423-11026-0

Der Fliegenmelker und andere Erzählungen
ISBN 3-423-11081-3

Märchen aus Malula
ISBN 3-423-11219-0

Erzähler der Nacht
ISBN 3-423-11915-2
»Ein Plädoyer für mehr Güte und Liebe.« (Susanne Kippenberger)

Eine Hand voller Sterne
Roman
ISBN 3-423-11973-X

Der ehrliche Lügner
Roman
ISBN 3-423-12203-X

Vom Zauber der Zunge
Reden gegen das Verstummen
ISBN 3-423-12434-2

Reisen zwischen Nacht und Morgen
Roman
ISBN 3-423-12635-3

Gesammelte Olivenkerne
aus dem Tagebuch der Fremde
ISBN 3-423-12771-6

Milad
Von einem, der auszog, um 21 Tage satt zu werden
ISBN 3-423-12849-6

Sieben Doppelgänger
ISBN 3-423-12936-0

Die Sehnsucht der Schwalbe
Roman
ISBN 3-423-12991-3

Joseph von Westphalen im dtv

»Westphalen schreckt vor nichts zurück.«
Prinz

Im diplomatischen Dienst
Roman
ISBN 3-423-11614-5
Frauenliebhaber Harry von Duckwitz ist unangepaßt, zynisch, unpolitisch – und Diplomat ... Ein scharfzüngiger Schelmenroman.

Das schöne Leben
Roman
ISBN 3-423-12078-9
Harry von Duckwitz versucht den Zusammenbruch seines Vielfrauenimperiums zu verhindern und eine neue Weltordnung zu schaffen.

Die bösen Frauen
Roman
ISBN 3-423-12525-X
»Harry von Duckwitz, das ist der letzte, der Einspruch sagt, bevor die Welt sich selbst ad acta legt. Harry von Duckwitz ist ein lebenslanges Plädoyer, mit drei Frauen im Arm.« (FAZ)

Das Drama des gewissen Etwas
Über den Geschmack und andere Vorschläge zur Verbesserung der Welt
ISBN 3-423-11784-2

High Noon
Ein Western zur Lage der Nation
ISBN 3-423-12195-5
»Ein Rundumschlag gegen das gesammelte Geisterbahnpersonal der Republik.« (Nürnberger Nachrichten)

Die Liebeskopie
und andere Herzensergießungen eines sehnsüchtigen Schreibwarenhändlers
ISBN 3-423-12316-8
Nachrichten über die Liebe und übers Internet.

Die Geschäfte der Liebe
ISBN 3-423-12665-5
Bissige, boshafte und brillante Geschichten.

Dreiunddreißig weiße Baumwollunterhosen
Glanz und Elend der Reizwäsche nebst sonstigen Wahrheiten zur Beförderung der Erotik
ISBN 3-423-20546-6

Das Leben ist hart
Über das Saufen und weitere Nachdenklichkeiten zur Erziehung der Menschheit
ISBN 3-423-20548-2

Herbert Rosendorfer im dtv

»Er ist der Buster Keaton der Literatur.«
Friedrich Torberg

**Das Zwergenschloß
und sieben andere
Erzählungen**
ISBN 3-423-10310-8

Vorstadt-Miniaturen
ISBN 3-423-10354-X

**Briefe in die chinesische
Vergangenheit**
Roman
ISBN 3-423-10541-0
und dtv großdruck
ISBN 3-423-25044-5
Ein chinesischer Mandarin
aus dem 10. Jahrhundert
gelangt mittels Zeitmaschine
in das heutige München und
sieht sich mit dem völlig
anderen Leben der »Ba Yan«
konfrontiert...

**Königlich bayerisches
Sportbrevier**
ISBN 3-423-10954-8

**Die Frau seines Lebens
und andere Geschichten**
ISBN 3-423-10987-4

Ball bei Thod
Erzählungen
ISBN 3-423-11077-5

**Vier Jahreszeiten im
Yrwental**
ISBN 3-423-11145-3

**Das Messingherz oder
Die kurzen Beine der
Wahrheit**
Roman
ISBN 3-423-11292-1
Der Dichter Albin Kessel
wird eines Tages vom Bundesnachrichtendienst angeworben. Allerdings muß er
immer an Julia denken...

Bayreuth für Anfänger
ISBN 3-423-11386-3

Der Ruinenbaumeister
Roman
ISBN 3-423-11391-X
Schutz vor dem Weltuntergang: Friedrich der Große,
Don Giovanni, Faust und
der Ruinenbaumeister
F. Weckenbarth suchen
Zuflucht.

Der Prinz von Homburg
Biographie
ISBN 3-423-11448-7
Anschaulich, amüsant und
unterhaltend schreibt
Rosendorfer über eine für
Preußen und Deutschland
wichtige Zeit.

**Ballmanns Leiden oder
Lehrbuch für Konkursrecht**
Roman
ISBN 3-423-11486-X

Herbert Rosendorfer im dtv

Die Nacht der Amazonen
Roman
ISBN 3-423-**11544**-0
Ein Satyrspiel zur Apokalypse der Nazizeit.

Herkulesbad/Skaumo
ISBN 3-423-**11616**-1

Über das Küssen der Erde
ISBN 3-423-**11649**-8

Mitteilungen aus dem poetischen Chaos
ISBN 3-423-**11689**-7

Die Erfindung des SommerWinters
ISBN 3-423-**11782**-6

... ich geh zu Fuß nach Bozen und andere persönliche Geschichten
ISBN 3-423-**11800**-8

Die Goldenen Heiligen oder Columbus entdeckt Europa
Roman
ISBN 3-423-**11967**-5
Ufos landen in der Nähe von Paderborn – die Zivilisation bricht zusammen.

Der Traum des Intendanten
ISBN 3-423-**12055**-X

Ein Liebhaber ungerader Zahlen
Roman
ISBN 3-423-**12307**-9
und dtv großdruck
ISBN 3-423-**25152**-2

Don Ottavio erinnert sich
Unterhaltungen über die richtige Musik
ISBN 3-423-**12362**-1

Die große Umwendung
Neue Briefe in die chinesische Vergangenheit
Roman
ISBN 3-423-**12694**-9

Deutsche Geschichte
Ein Versuch
Von den Anfängen bis zum Wormser Konkordat
ISBN 3-423-**12817**-8

Autobiographisches
Kindheit in Kitzbühel und andere Geschichten
ISBN 3-423-**12872**-0

Stephanie und das vorige Leben
Roman · dtv großdruck
ISBN 3-423-**25184**-0

Eichkatzelried
dtv großdruck
ISBN 3-423-**25195**-6

Jostein Gaarder im dtv

»Geboren zu werden bedeutet, daß wir die ganze
Welt geschenkt bekommen.«
Jostein Gaarder

Das Kartengeheimnis
ISBN 3-423-12500-4
Die Geschichte einer dreifachen Reise: einer wirklichen nach Griechenland, einer phantastischen auf eine magische Insel und einer gedanklichen in die Philosophie.

Sofies Welt
Roman über die Geschichte der Philosophie
ISBN 3-423-12555-1
Mysteriöse Briefe mit Fragen wie: »Wer bist du?« oder »Woher kommt die Welt?« landen in Sofies Briefkasten … Ein Roman über zwei ungleiche Mädchen und einen geheimnisvollen Briefeschreiber, ein Kriminal- und Abenteuerroman des Denkens, ein geistreiches und witziges Buch, ein großes Lesevergnügen und eine Geschichte der Philosophie von den Anfängen bis zur Gegenwart. Der Roman, mit dem Gaarder Weltruhm erlangte.

Das Leben ist kurz
Vita brevis
ISBN 3-423-12711-2
Die Geschichte einer unmöglichen Liebe: zwischen Floria und dem berühmten Kirchenvater Augustinus.

Der seltene Vogel
Erzählungen
ISBN 3-423-12876-3
Zehn Erzählungen auf der Grenze zwischen Realität und Traum, Zeit und Unendlichkeit, Leben und Tod.

Durch einen Spiegel, in einem dunklen Wort
ISBN 3-423-12917-4
Ein unendlicher Kosmos tut sich der kranken Cecilie auf, als der Engel Ariel an Weihnachten mit ihr über die Wunder der Schöpfung spricht.

Maya oder Das Wunder des Lebens
Roman
ISBN 3-423-13002-4
Meeresbiologe Frank Andersen trifft auf eine Frau, die Goyas »Maya« zum Verwechseln ähnlich sieht. Eine Laune der Natur? Oder ist es möglich, daß nicht nur eine Wirklichkeit, nicht nur eine Zeit, nicht nur ein Universum existieren?

Horst Bosetzky im dtv

»Horst Bosetzky ist allen Krimi-Fans als -ky und Liebhabern schillernder historischer Romane ein Begriff: als *der* Mann fürs Schmökern.«
*Hans-Christian Winter
in der ›Nordsee-Zeitung‹*

Wie ein Tier
Der S-Bahn-Mörder
Dokumentarischer Roman
ISBN 3-423-20021-9
Berlin 1940: Eine Serie grausiger Morde schreckt die Berliner Bevölkerung auf. Ein unberechenbarer Triebtäter überfällt wehrlose Frauen, nötigt, vergewaltigt und ermordet sie kaltblütig.

Brennholz für Kartoffelschalen
Roman eines Schlüsselkindes
ISBN 3-423-20078-2
und dtv großdruck
ISBN 3-423-25170-0
Die Mutter arbeitet, der Vater ist in russischer Gefangenschaft – Manfreds Welt ist das Berlin der ersten Nachkriegsjahre, in denen Lebensmittelkarten, Stromsperren und »Kohlenklau« zum Alltag gehören.

Berliner Bahnen
ISBN 3-423-20380-3
Eine Liebeserklärung an drei nicht mehr ganz junge Damen: die Berliner U-Bahn, S-Bahn und Straßenbahn.

Fahren Sie das Berliner Streckennetz ab und erfahren Sie dabei Wissenswertes und Kurioses.

Hoch zu Roß
Der Aufstieg derer von Bosetzki unter Friedrich II.
Roman
ISBN 3-423-20466-4
Mit Johann Bosetzki beginnt während der Regentschaft des Soldatenkönigs Friedrich Wilhelm I. die Familiengeschichte derer von Bosetzki. Ein fesselnder historischer Roman aus der Preußenzeit.

Das Berlin-Lexikon
ISBN 3-423-20545-8
Horst Bosetzky (aus dem Westen) und Jan Eik (aus dem Osten) haben Berliner Wissen dingfest gemacht.

Lieber Sport als Mord
Fünfzig ganz persönliche Betrachtungen zur Körperertüchtigung
ISBN 3-423-20580-6
Das Sportbuch für den begeisterten Nicht-Sportler.

Una Troy im dtv

»Nur wer Irland genau kennt, hat es in der Feder, diesen Menschenschlag so treffend und amüsant zu beschreiben.«
Hannoversche Allgemeine Zeitung

Kitty zeigt die Krallen
Roman
ISBN 3-423-10898-3
Seit 22 Jahren ist Kitty O'Connor glücklich verheiratet und hat zwei Kinder; doch plötzlich geht alles schief.

Das Schloß, das keiner wollte
Roman
ISBN 3-423-11057-0
Ein adliger Verwandter hinterläßt einer eher bescheiden lebenden Lehrerfamilie ein Schloß in Irland.

Wir sind sieben
Roman
ISBN 3-423-20322-6
Eine Mutter, sieben Kinder und verschiedene Väter – das sorgt in einem irischen Dorf für Unruhe und stört den Seelenfrieden mancher Leute, denn zum Unglück gleichen die Kinder ihren Vätern aufs Haar ...

Das Meer ist Musik
Roman
ISBN 3-423-20408-7
Die Geschichte zweier musisch begabter Schwestern.

Trau schau wem
Roman · dtv großdruck
ISBN 3-423-25123-9
Eine Erbschaft und die Folgen.

Eine nette kleine Familie
Roman · dtv großdruck
ISBN 3-423-25153-0

Läuft doch prima, Frau Doktor!
Roman · dtv großdruck
ISBN 3-423-25164-6
Eine junge Ärztin übernimmt die Verantwortung für ihre Geschwister.

Mutter macht Geschichten
Roman · dtv großdruck
ISBN 3-423-25166-2

Ein Sack voll Gold
Roman · dtv großdruck
ISBN 3-423-25173-5
Eine heitere Familiengeschichte.

Die Pforte zum Himmelreich
Heiterer Roman
dtv großdruck
ISBN 3-423-25186-7

Mary Wesley im _dtv_

»Mary Wesley ist wie Jane Austen mit Sex.«
Independent on Sunday

Eine talentierte Frau
Roman
ISBN 3-423-**11650**-1
Hebe ist noch keine zwanzig, mittellos und schwanger, aber sie nutzt ihre Talente gut.

Ein Leben nach Maß
Roman · _dtv_ großdruck
ISBN 3-423-**25154**-9
Drei Männer begleiten Flora ein Leben lang...
»Eine Vierer-Liebesbeziehung mit viel Esprit, sehr charmant und etwas böse.«
(Karin Urbach)

Matildas letzter Sommer
Roman
ISBN 3-423-**12176**-9
Matilda glaubt sich mit Ende Fünfzig reif für einen würdigen Abgang. Doch sie läßt sich auf ein letztes Abenteuer ein...

Führe mich in Versuchung
Roman
ISBN 3-423-**20117**-7
Fünfzig Jahre lang hat Rose zwei Männern die Treue gehalten. Jetzt, mit 67 Jahren, nimmt sie endlich ihre Zukunft selbst in die Hand.

Die letzten Tage der Unschuld
Roman
ISBN 3-423-**12214**-5
Sommer 1939: Fünf junge Leute verbringen die letzten unbeschwert glücklichen Tage vor dem Krieg.

Zweite Geige
Roman · _dtv_ großdruck
ISBN 3-423-**25084**-4
Laura Thornby will sich auf keine enge Beziehung einlassen. Doch dann verliebt sie sich in den viel jüngeren Claud.

Ein böses Nachspiel
Roman
ISBN 3-423-**20072**-3
Manche Dinge bereut man sein Leben lang... Aber Henry macht das Beste aus seiner mißglückten Ehe.

Ein ganz besonderes Gefühl
Roman
ISBN 3-423-**20120**-7
Eine Liebesgeschichte zwischen zwei sehr eigenwilligen Menschen – und eine Liebeserklärung an den Londoner Stadtteil Chelsea.

In der gleichen augenfreundlichen Schrift
bei dtv erschienen:

Lach doch wieder!

Geschichten, Anekdoten,
Gedichte und Witze

Zusammengestellt von
Helga Dick und Lutz-W. Wolff
ISBN 3-423-25137-9

Lachen und Weinen gehören zusammen, und ein bißchen Galgenhumor ist allemal besser als Selbstmitleid und Verzweiflung. Es geht uns besser, wenn wir zu den Dingen und zu uns selbst etwas Distanz haben, das zeigen Peter Bamm, Erma Bombeck, Ilse Gräfin von Bredow, Art Buchwald, Sinasi Dikmen, Trude Egger, Lisa Fitz, Axel Hacke, Ursula Haucke, Johann Peter Hebel, Elke Heidenreich, Inge Helm, Irmgard Keun, Siegfried Lenz, Christian Morgenstern, Christine Nöstlinger, Alexander Roda Roda, Herbert Rosendorfer, Eugen Roth, Hans Scheibner, Michail Sostschenko, Phyllis Theroux, Ludwig Thoma und Kurt Tucholsky.